Gestão de processos com suporte em tecnologia da informação

Gestão de processos com suporte em tecnologia da informação

Adriano Stadler (Org.)
Antonio Siemsen Munhoz
Karen Menger da Silva Guerreiro
Paula Renata Ferreira

Gestão Empresarial

EDITORA
intersaberes

EDITORA intersaberes

Av. Vicente Machado, 317 . 14º andar
Centro . CEP 80420-010 . Curitiba . PR . Brasil
Fone: (41) 2103-7306
www.editoraintersaberes.com.br
editora@editoraintersaberes.com.br

Conselho editorial
Dr. Ivo José Both (presidente)
Drª Elena Godoy
Dr. Nelson Luís Dias
Dr. Ulf Gregor Baranow

Editor-chefe
Lindsay Azambuja

Editor-assistente
Ariadne Nunes Wenger

Capa
Sílvio Gabriel Spannenberg

Projeto gráfico
Roberto Querido

1ª edição, 2013.
Foi feito o depósito legal.

Informamos que é de inteira responsabilidade dos autores a emissão de conceitos.

Nenhuma parte desta publicação poderá ser reproduzida por qualquer meio ou forma sem a prévia autorização da Editora InterSaberes.

A violação dos direitos autorais é crime estabelecido na Lei n° 9.610/1998 e punido pelo art. 184 do Código Penal.

Dados Internacionais de Catalogação na Publicação (CIP)
(Câmara Brasileira do Livro, SP, Brasil)

Guerreiro, Karen Menger da Silva

Gestão de processos com suporte em tecnologia da informação/Karen Menger da Silva Guerreiro, Paula Renata Ferreira, Antonio Siemsen Munhoz; Adriano Stadler (Org.). – Curitiba: InterSaberes, 2013. – (Coleção Gestão Empresarial; v. 6).

Bibliografia
ISBN 978-85-8212-777-3

1.Administração de empresas 2. Controle de processos 3. Negócios – Planejamento 4. Organizações 5. Tecnologia da informação I. Ferreira, Paula Renata. II. Stadler, Adriano. III. Munhoz, Antonio Siemsen. IV. Título. V. Série.

12-13737   CDD-658.5

Índices para catálogo sistemático:
1. Desenvolvimento de processos: Empresa 658.5
2. Processos: Administração: Empresas 658.5

Sumário

- Apresentação, 7
- Como aproveitar ao máximo este livro, 9

Primeira parte – *Business Process Management Systems* (BPMS), 11

Karen Menger da Silva Guerreiro

- Sobre a autora, 12
- Introdução, 13

1. Introdução à gestão por processos, 14
2. Estruturação da gestão por processos, 25
3. Mapeamento de processos, 34
4. Modelando o processo: a tecnologia *workflow*, 44
5. Introdução aos *Business Process Management Systems* (BPMS), 49
6. Principais componentes dos *Business Process Management Systems* (BPMS) e a gestão do conhecimento aplicada à gestão por processos, 63

- Indicações culturais, 71
- Bibliografia comentada, 73
- Síntese, 75
- Referências, 77

Segunda parte – Tecnologia da informação (TI), 79

Paula Renata Ferreira
Antonio Siemsen Munhoz

- Sobre os autores, 80
- Introdução, 81

1. A tecnologia da informação (TI) nos negócios, 82
2. As bases de dados e os sistemas comerciais, 98
3. Utilização da tecnologia da informação (TI), 111

4. A empresa na era das tecnologias da informação e da comunicação (TICs), 122
5. Intranets e extranets, 133
6. Outras tecnologias de informação, 143

- Indicações culturais, 152
- Bibliografia comentada, 153
- Síntese, 155
- Referências, 157

■ Considerações finais, 159

Apresentação

Esta obra abordará, de modo especial, temas relevantes para o planejamento, a organização e a operacionalização de estratégias de negócios, levando em conta um mercado no qual a velocidade das informações é diretamente proporcional à busca pela inovação e pelo conhecimento a ser aplicado no gerenciamento dos processos empresariais.

A informação como diferencial competitivo é assunto que baseia as decisões empresariais, especialmente quando tratamos da gestão de processos informatizados no contexto organizacional, apresentados neste livro como *Business Process Management Systems* (BPMS).

Dessa forma, nesta obra vamos examinar os temas **gestão por processos** e **tecnologia da informação**, duas áreas que se inter-relacionam. Você poderá, por meio dessa abordagem, adquirir importantes ferramentas a serem utilizadas na sua empresa.

Nos seis primeiros capítulos deste livro, todos a respeito da gestão por processos, discutiremos sua fundamentação teórica e as etapas de sua implementação nas empresas, bem como a possibilidade de informatização dos processos empresariais. O objetivo geral é instrumentalizá-lo para que possa compreender a filosofia sobre essa área, identificar processos empresariais e gerenciar a mudança organizacional.

A segunda parte do livro abordará, de maneira prática e objetiva, os aspectos relacionados à tecnologia da informação que se constituem em suporte ao planejamento e à tomada de decisão empresarial, especialmente no que diz respeito ao gerenciamento dos processos internos.

Iniciamos a abordagem do tema apresentando uma introdução aos estudos da tecnologia da informação, enfatizando a inteligência competitiva e os sistemas de gestão empresarial, tais como o *Enterprise Resource Planning* (ERP) e o *Customer Relationship Management* (CRM), bem como o relacionamento interdepartamental, focando a análise e o desenvolvimento de sistemas.

Essa segunda parte ainda trata da empresa na era das tecnologias da informação e da comunicação – intranets, extranets, portais corporativos e conteúdos –, bem como do sistema GPS (*Global Positioning System* ou

Sistema de Posicionamento por Satélite), o qual abarca o foco gerencial em todo o seu desenvolvimento.

    Esperamos que, ao fim da leitura deste livro, a sua visão sobre a gestão empresarial se amplie, tendo nas tecnologias da informação uma ferramenta de apoio para toda e qualquer ação organizacional no que diz respeito ao gerenciamento dos processos do negócio.

Como aproveitar ao máximo este livro

Este livro traz alguns recursos que visam enriquecer o seu aprendizado, facilitar a compreensão dos conteúdos e tornar a leitura mais dinâmica. São ferramentas projetadas de acordo com a natureza dos temas que vamos examinar. Veja a seguir como esses recursos se encontram distribuídos no decorrer desta obra.

Questões para reflexão

Vocês já vivenciaram a experiência de implantação da gestão por processos na sua empresa? Pode ter sido na estrutura como um todo ou em alguns processos específicos, como na área de produção (mais comumente encontrado). Como foi a etapa de estruturação para iniciar o mapeamento dos processos da empresa (tema deste capítulo)? Ou seja, foram designados líderes e equipes de APE? Como foi o trabalho? Você saberia indicar os processos críticos da sua empresa?

Estas questões têm o objetivo de levar você a refletir sobre determinado assunto e assumir uma postura crítica ao trocar ideias e experiências com seus pares.

Indicações culturais

Apresentamos, a seguir, algumas dicas de filmes antigos, porém muito interessantes, que versam sobre o ambiente organizacional, destacando processos específicos e discutindo questões atuais.

Ao final de cada uma das partes do livro, os autores oferecem algumas indicações de livros, filmes ou *sites* que podem ajudá-lo a refletir sobre os conteúdos estudados e permitir o aprofundamento em seu processo de aprendizagem.

Bibliografia comentada

DE SORDI, J. O. **Gestão por processos**: uma abordagem da moderna administração. 2. ed., São Paulo: Saraiva, 2008.

Esse livro traz determinado arcabouço teórico e prático, que aborda o desafio da implementação da gestão por processos nas empresas. Trata-se de uma obra completa – da Teoria Geral de Sistemas aos BPMS.

Nesta seção, você encontra comentários acerca de algumas obras de referência para o estudo dos temas examinados.

Considerações finais

Ao finalizarmos a leitura deste livro, podemos perceber que os dois temas tratados possuem grande interação, sendo que a aplicação de um depende necessariamente de outro. O mapeamento dos processos e a aplicação de ferramentas como o BPM requerem alto conhecimento das informações necessárias para a

Você dispõe, ao final de cada parte, de uma síntese que traz os principais conceitos nela abordados.

Primeira parte

Business Process Management Systems (BPMS)

Karen Menger da Silva Guerreiro

Sobre a autora

Karen Menger da Silva Guerreiro é graduada em Engenharia Civil (1998) pela Universidade Federal do Paraná (UFPR), mestre em Administração (2004), e doutora em Administração, com ênfase em Gestão de Tecnologia e da Produção (2008), ambos pela Universidade Federal do Rio Grande do Sul (UFRGS).

Possui experiência como engenheira civil, gestora universitária e docente nos cursos de Administração e Engenharia de Produção, com ênfase em gestão da inovação. Atua principalmente nos seguintes temas: gestão da tecnologia, gerenciamento de projetos, desenvolvimento de produtos, gestão de processos e da qualidade. Também publica artigos em periódicos e congressos especializados, além de realizar trabalhos técnicos de consultoria.

Introdução

As empresas, com o intuito de se tornarem mais competitivas, têm buscado novas opções de matérias-primas, processos gerenciais, mercados, produtos e logística. É importante lembrarmos que a estrutura organizacional depende diretamente da própria organização do trabalho, ou seja, das pessoas e da forma como são conduzidos os processos internos de gestão.

Tendo em vista esse fato, abordaremos, na Parte 1 desta obra, a gestão de processos de negócio, com o objetivo de discutirmos as vantagens e os desafios da implementação da abordagem por processos nas organizações. Proporemos um conjunto de técnicas e sistemas para operacionalizar a identificação dos processos de negócio da empresa e a organização destes para o efetivo gerenciamento por processos.

Essa primeira parte do livro está dividida em seis capítulos. No primeiro, discutiremos a fundamentação teórica da gestão por processos, comparando-a com a gestão funcional. Em seguida, no segundo e no terceiro capítulos, examinaremos mais profundamente o tema da estruturação da gestão por processos e suas fases, bem como o mapeamento dos processos de negócio por meio da aplicação de um conjunto de símbolos e ferramentas de análise de processo.

Os três últimos capítulos têm como foco a tecnologia da informação (TI) aplicada aos processos de negócio. Primeiramente, discorreremos sobre o histórico das ferramentas de TI aplicadas aos processos. Em seguida, faremos uma introdução às soluções *Business Process Management* (BPM), que representam o conjunto de ferramentas baseadas em sistemas de informação para a organização e a automatização dos processos de negócio da empresa. Apresentaremos os principais componentes dos chamados *Business Process Management Systems* (BPMS) e suas funcionalidades, além de enfocarmos a cultura e o clima organizacional quando da implementação dessas ferramentas de gestão.

1
Introdução à gestão por processos

Neste capítulo, faremos uma introdução à abordagem por processos e à sua fundamentação teórica, resgatando os conceitos da Teoria Geral de Sistemas. Em seguida, estabeleceremos um paralelo entre as gestões funcional e por processos, destacando as principais características de tais enfoques organizacionais. Por fim, apresentaremos exemplos de sistemas de gestão por processos, incluindo situações de sistemas de gestão corporativos embasados em tecnologia da informação.

Para compreendermos o contexto no qual se desenvolve a abordagem por processos, é necessário lembrarmos a maneira como as empresas são tradicionalmente organizadas. No geral, **as organizações são estruturadas em áreas funcionais**, ou seja, sob uma forma de departamentalização que permite que todas as atividades necessárias à realização das tarefas organizacionais sejam divididas com base nas especialidades requeridas para executá-las e distribuídas às respectivas áreas funcionais ou aos departamentos por competência.

Esse tipo de organização da empresa está ligado aos conceitos de *eficiência*, *especialização* e *medição/controle* do processo, introduzidos por Frederick Taylor no início do século passado, com base em seu estudo sobre os tempos e os movimentos (De Sordi, 2008). Os conceitos remontam ainda ao início da própria Revolução Industrial, cuja premissa da divisão do trabalho está associada ao surgimento do capitalismo, à complexidade dos processos de industrialização do mundo moderno e ao impressionante aumento do fluxo de comércio (Motta; Vasconcelos, 2006).

Segundo De Sordi (2008), o aprofundamento da especialização das áreas funcionais ganha ainda mais força a partir da década de 1980, com o movimento pela qualidade total no Ocidente, motivado pelo impacto das grandes empresas orientais nos mercados internacionais.

A diferença entre as primeiras iniciativas pela qualidade total e os atuais ciclos de gestão da qualidade total (GQT) é que, nas décadas de 1980 e 1990, essas iniciativas estavam fortemente baseadas na resolução de problemas circunscritos às áreas funcionais, isto é, **o foco estava em problemas localizados**, contribuindo para a excelência funcional, e não abrangia questões estruturais da empresa.

Entretanto, a atenção demasiada às áreas funcionais, individualmente, impede que os fluxos de trabalho externos aos departamentos da empresa sejam percebidos e identificados. Isso, ao mesmo tempo, é causa e consequência de verdadeiras lacunas organizacionais, tais como a falta de comunicação e de interação entre os departamentos. Além disso, a busca pela excelência no desempenho das áreas funcionais de forma individual não implica a satisfação do cliente final. Ou seja, trata-se de uma abordagem da empresa como um sistema fechado, o que não leva em consideração os processos da interação do meio interno com o externo.

As premissas nas quais se sustenta a abordagem por processos têm como base uma **visão de empresa como sistema aberto**, cujos agentes interagem entre si e com o meio, em uma relação de interdependência. Ou seja, é dada ênfase ao conjunto de atividades que compõem os processos de negócio da empresa e aos fluxos de informação internos e externos. As palavras de ordem da gestão por processos são *integração*, *cooperação* e *transparência*. Claramente, deve ser estabelecido o foco no cliente final e nos processos de agregação de valor sob o ponto de vista do cliente.

Dessa forma, cabe recuperarmos o conceito de *processo*:

> Para uma organização funcionar de maneira eficaz, ela tem que identificar e gerenciar diversas atividades interligadas. Uma atividade que usa recursos e que é gerenciada de forma a possibilitar a transformação de entradas em saídas pode ser considerada um processo. Frequentemente a saída de um processo é a entrada para o processo seguinte. (ABNT, 2008)

As entradas são os *inputs* do sistema, ou seja, todos os recursos necessários ao processo de transformação que virá a seguir. Os *inputs* do sistema alimentam o processo de transformação para qualquer processo de negócio a ser considerado. Na saída, temos o resultado do processo de transformação (*outputs*). A retroação, ou *feedback*, é viabilizada por meio da comparação dos resultados na saída com os padrões previamente estabelecidos (codificação). Com base nessa comparação, é possível regular e controlar o sistema, ou seja, aperfeiçoar o processo de transformação em si, em função das discrepâncias identificadas. É possível, ainda, regular e controlar até mesmo os padrões estabelecidos *a priori*, caso as informações obtidas com o *feedback* sugiram tal ação. O mecanismo do processo de transformação pode ser visto na Figura 1.1.

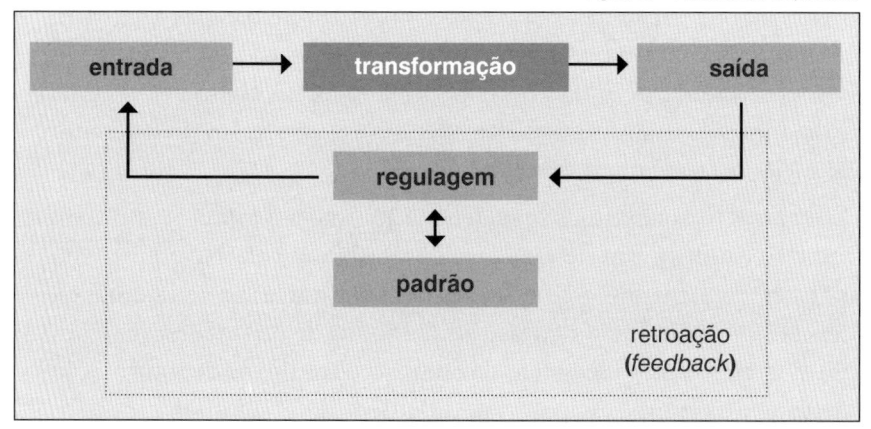

Figura 1.1 – O mecanismo de processo

```
entrada → transformação → saída
              ↑              ↓
           regulagem ←───────┘
              ↕
            padrão

         retroação
         (feedback)
```

Fonte: Elaborado com base em Motta; Vasconcelos, 2006.

Na Teoria Geral de Sistemas, **a informação é considerada um insumo**. Desse modo, as necessidades ou os requisitos do cliente final estão localizados na entrada de qualquer processo de transformação que vise à geração de produtos ou serviços a serem entregues ao mercado. As informações geradas com base nas necessidades do cliente dão início às atividades de transformação e devem ser controladas durante toda a sua realização. Ao final das atividades de transformação, as necessidades ou os requisitos do cliente serão os padrões de controle da qualidade do processo como um todo, servindo como parâmetro para avaliar se os requisitos foram, de fato, atingidos ou se foram perdidos, mal interpretados ou simplesmente esquecidos em um processo confuso, com problemas de gestão, comunicação e interação. Ou seja, os requisitos e as necessidades dos clientes devem ser os parâmetros de todo o desenvolvimento de produtos e serviços dentro da empresa.

Na abordagem por processos, o foco está na **horizontalização dos processos de negócio da empresa**, dando-se ênfase ao agrupamento de atividades necessárias para a realização dos processos internos da organização. Dessa forma, nesse tipo de abordagem não se pretende mais trabalhar com o foco na excelência das áreas funcionais de forma individual, mas, sim, no agrupamento, na reunião das atividades necessárias à realização dos processos de negócio. Isso imprime uma lógica segundo a qual se trabalha com os fluxos de informação internos e externos à empresa, uma vez que a **organização é um sistema aberto que também interage com o meio** (o macroambiente do negócio).

A abordagem sistêmica para a gestão das organizações trazida pela Teoria Geral de Sistemas inaugurou uma nova linha de pensamento. As empresas (com os seus processos de negócio e sistemas de informação) passaram a ser percebidas como agentes inseridos em um ambiente de negócios macro (Figura 1.2) e a trabalhar conforme os seguintes parâmetros, oriundos dessa corrente teórica:

- conhecimentos interdisciplinares (para lidar com os fluxos de trabalho estabelecidos entre as áreas funcionais);
- comunicação mais rápida e fácil (estabelecida entre as áreas funcionais);
- necessidade de evitar a duplicação de esforços (pelo trabalho em equipe);
- possibilidade de entendimento dos objetos como sistemas (e, assim, cada parte da organização);
- compreensão de que qualquer estímulo a qualquer parte terá efeito sobre o todo (a noção de interdependência);
- reconhecimento de que não há sistema autônomo (fechado);
- adaptação obrigatória dos sistemas (ou seja, da empresa como um todo e de seus subsistemas), por meio de aprendizado e auto-organização, com equilíbrio interno mediante fluxo constante de entrada e saída de recursos (entre os quais, a informação).

Figura 1.2 – Percebendo a empresa

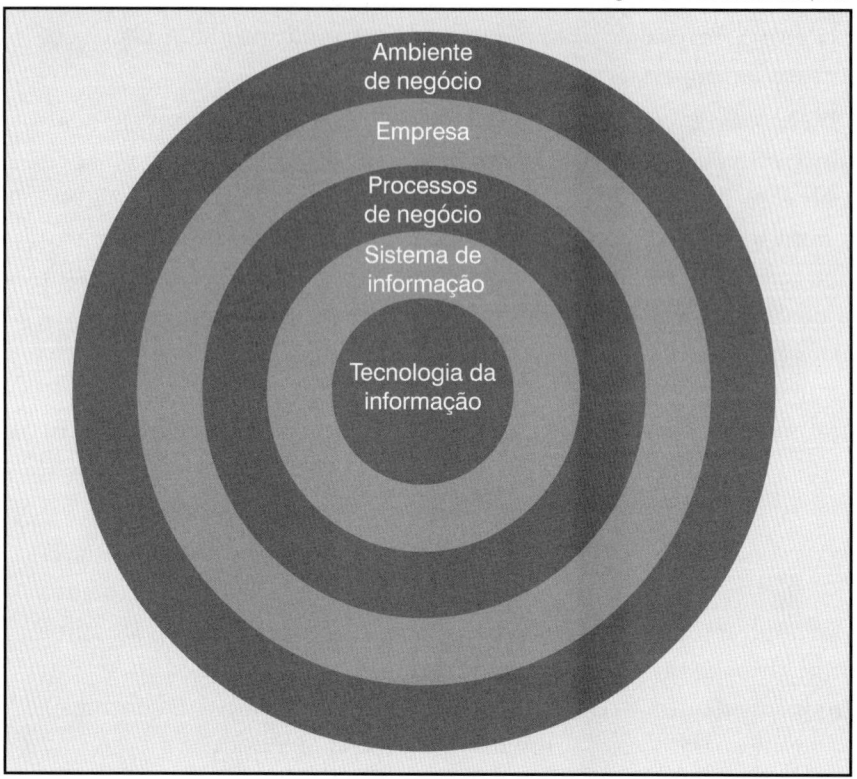

[Diagrama de círculos concêntricos, do exterior para o interior: Ambiente de negócio; Empresa; Processos de negócio; Sistema de informação; Tecnologia da informação]

Fonte: Elaborado com base em Motta; Vasconcelos, 2006; De Sordi, 2008.

Vencida esta primeira parte de introdução à gestão por processos e de resgate da Teoria Geral de Sistemas, iniciaremos a seguir uma série de comparações entre as abordagens de gestão funcional e por processos.

1.1

Gestão funcional *versus* gestão por processos

Para iniciarmos as comparações entre essas duas abordagens, observe, inicialmente, a primeira parte da Figura 1.3. Nela, é possível perceber que a gestão funcional (também conhecida por *engenharia sequencial*) é pautada por uma forma de organização linear, cujas tarefas são dispostas em sequência. Isso significa que, para se iniciar a próxima tarefa, será preciso concluir a atividade anterior. Essa forma de condução das atividades acaba por resultar em tarefas estanques, conduzidas de maneira isolada, muito provavelmente por áreas funcionais distintas e que não se comunicam entre si.

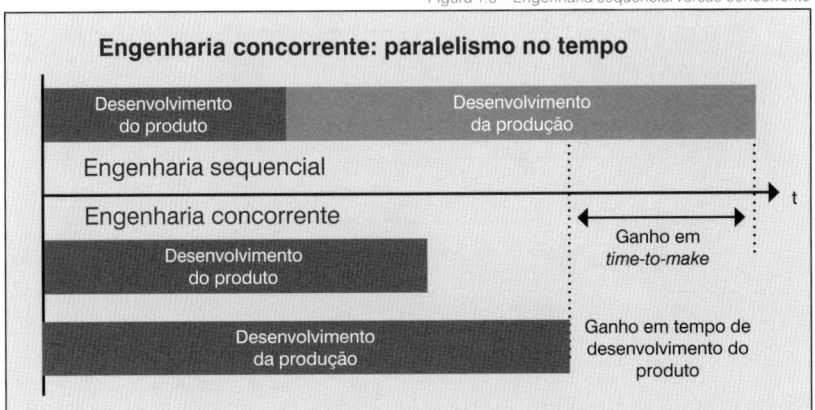

Figura 1.3 – Engenharia sequencial *versus* concorrente

Engenharia concorrente: paralelismo no tempo

- Engenharia sequencial: Desenvolvimento do produto → Desenvolvimento da produção
- Engenharia concorrente: Desenvolvimento do produto ∥ Desenvolvimento da produção
- Ganho em *time-to-make*
- Ganho em tempo de desenvolvimento do produto

Fonte: Cunha, 2008.

Já na gestão por processos (segunda parte da Figura 1.3), busca-se modificar essa forma de arquitetura organizacional por meio de um processo que permita a organização e a realização de tarefas de maneira simultânea (engenharia concorrente) e que possibilite a evolução no modo de conduzir as atividades da empresa – de lineares/estanques para integradas. Na Figura 1.4, é possível notar que, para a realização dos processos de negócio (processos A, B, C, D e E), diversas áreas funcionais deverão estar envolvidas (*marketing*, engenharia, compras e produção).

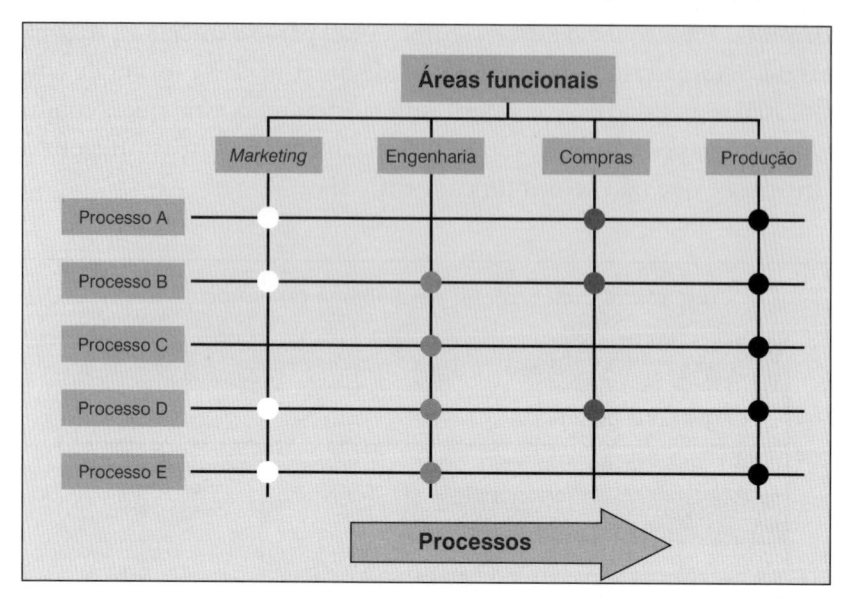

Figura 1.4 – Gestão por processos

Áreas funcionais: Marketing, Engenharia, Compras, Produção

Processo A
Processo B
Processo C
Processo D
Processo E

Processos →

Fonte: Elaborado com base em De Sordi, 2008.

Propondo-se uma nova forma de alocar as pessoas, a partir de times de processo, é possível realizar a integração entre as áreas funcionais: diferentes especialistas (com diferentes habilidades) trabalham juntos na realização das suas respectivas atividades, discutindo as soluções em conjunto com os demais. É dada a essas equipes a designação de *multifuncionais*, por serem pautadas por melhor comunicação intraorganizacional e por maior colaboração entre os seus participantes e transparência na realização dos processos como um todo.

No Quadro 1.1, estão sintetizadas as principais diferenças observadas entre os enfoques organizacionais.

Quadro 1.1 – Características dos enfoques organizacionais

Características analisadas	Gestão funcional	Gestão por processos
Alocação de pessoas	Agrupados juntos aos seus pares em áreas funcionais.	Times de processos envolvendo diferentes habilidades.
Autonomia operacional	Rígida supervisão hierárquica.	Autoridade para a tomada de decisões.

(continua)

(Quadro 1.1 – conclusão)

Características analisadas	Gestão funcional	Gestão por processos
Avaliação de desempenho	Centrada no indivíduo.	Centrada nos resultados do processo de negócio.
Cadeia de comando	Forte supervisão hierárquica.	Fundamentada na negociação e na colaboração.
Capacitação dos indivíduos	Voltada ao ajuste da função desempenhada: especialização.	Múltiplas competências: multifuncionalidade requerida.
Escala de valores da organização	Competição entre áreas funcionais.	Comunicação e transparência.
Estrutura organizacional	Hierárquica: departamentalização/verticalização.	Fundamentada em equipes de processos/horizontal.
Organização do trabalho	Em procedimentos de áreas funcionais: mais linear.	Por meio de processos multifuncionais: mais integrado.
Relacionamento externo	Pouco direcionado.	Forte incentivo por meio de acordos de cooperação e parcerias.
Utilização de tecnologias	Sistemas de informação com foco em áreas funcionais.	Integração de sistemas de informação.

Fonte: Adaptado de Monteiro, 2005.

Uma característica fundamental que distingue ambos os enfoques está na estrutura organizacional: na gestão funcional, é possível observar um modelo de gestão fortemente hierárquico, com base em departamentos, resultando em uma estrutura vertical; na abordagem por processos, o modelo de gestão está fundamentado na formação de equipes de processo (times multifuncionais)[1], resultando em uma estrutura horizontal (Figura 1.5). Em resumo, as áreas funcionais continuam a existir, mas os processos de negócio devem ser identificados e priorizados, sobrepondo-se às funções.

---

1 Na literatura da área, é possível encontrar os termos *times* e *equipes*.

Figura 1.5 – Estrutura organizacional

1 – Gerência por FUNÇÕES

2 – Gerência por PROCESSOS

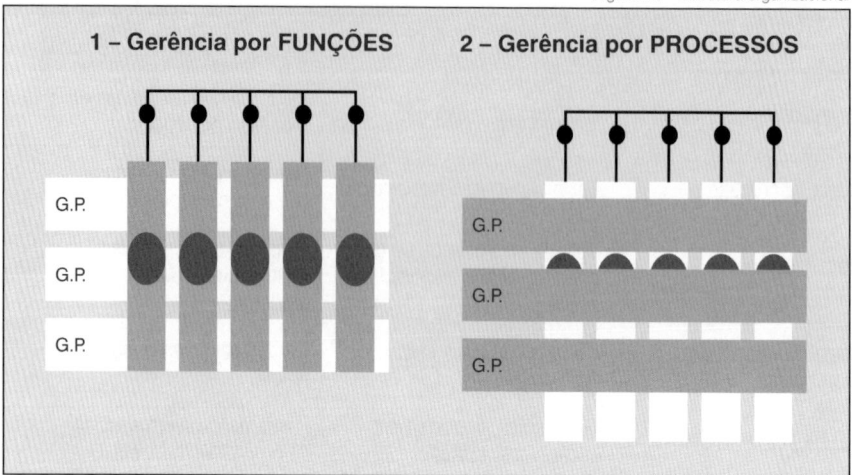

Fonte: Elaborado com base em Clark; Fujimoto, 1991.

Para concluirmos este capítulo, apresentamos alguns conceitos para processos de negócio: segundo Hammer e Champy (1997), um **processo de negócio** é "um conjunto de atividades cuja operação conjunta produz um resultado de valor para o cliente". Para Harrington (1993), um **processo** é "um grupo de tarefas interligadas logicamente, que utilizam os recursos da organização para geração de resultados predefinidos, visando apoiar os objetivos da empresa". Para De Sordi (2008), "processos de negócios são fluxos de trabalho que atendam a um ou mais objetivos da organização e que proporcionam agregação de valor sob a ótica do cliente final".

É importante destacarmos que, para qualquer um dos conceitos reproduzidos anteriormente, os processos de negócio apresentam características peculiares que devem ser consideradas:

- **São extensos e complexos** – envolvem grande diversidade e quantidade de informações dentro da empresa e entre as organizações, sendo exemplos disso os pagamentos e as autorizações.
- **São extremamente dinâmicos** – requerem agilidade para responder às demandas de clientes e mercado.
- **São distribuídos e segmentados** – executados dentro dos limites de uma ou mais empresas.
- **São duradouros** – a execução de determinadas transações pode levar meses para ser efetivada.

- **Podem ser automatizados** – pelo menos em parte, como as atividades rotineiras executadas por computadores, as quais adquirem mais velocidade e confiabilidade.
- **São dependentes de pessoas** – por requererem a interação com clientes, por exemplo.

De Sordi (2008) elenca um rol de princípios fundamentais que caracterizam a abordagem por processos:

- É organizada em torno de processos-chave multifuncionais, em vez de tarefas ou funções.
- Opera por meio de gerentes "donos do processo".
- Reconhece que os times (ou equipes) consistem no alicerce da estrutura organizacional.
- Reduz os níveis hierárquicos.
- Promove a integração da empresa com clientes e fornecedores.
- Fortalece as políticas de recursos humanos, disponibilizando ferramentas de apoio.
- Utiliza a tecnologia da informação como ferramenta auxiliar.
- Redesenha as funções e os departamentos pela formação de times (ou equipes) de processo.
- Desenvolve métricas para a avaliação de desempenho ao final dos processos (controle).
- Auxilia na construção de uma cultura organizacional transparente, de colaboração e cooperação.

Para finalizar, destacamos que a maioria dos sistemas de informação recentes, como os exemplificados a seguir, incorpora conceitos e práticas de gestão por processos:

- *Customer Relationship Management* (CRM);
- *Supplier Relationship Management* (SRM);
- *Employee Relationship Management* (ERM);
- *Product Life-cycle Management* (PLM);
- *Enterprise Resource Planning* (ERP);
- *Supply Chain Management* (SCM);
- *E-procurement*;
- *E-sourcing*.

Alguns desses sistemas serão abordados e detalhados na Parte 2 deste livro.

Questões para reflexão

Quais são os processos de negócio da sua empresa?

Dê a sua opinião: De que forma podemos reduzir conflitos e efetivamente integrar áreas funcionais de acordo com a abordagem de gestão por processos de negócio? É possível organizar por processos a sua empresa ou a empresa em que você trabalha?

2

Estruturação da gestão por processos

No capítulo anterior, vimos que a abordagem por processos está fundamentada na Teoria Geral dos Sistemas, principalmente no conceito de *interdependência entre as partes e o todo*, inserindo-se a empresa, com as suas áreas funcionais e diferentes atividades, no macroambiente de negócios. O conceito de *interdependência* estabelece, entre outros aspectos, a importância de identificarmos os fluxos de trabalho e de informação que perpassam a organização à medida que são realizados os seus processos de negócio. Vimos também algumas das características mais peculiares dessa abordagem, bem como os princípios fundamentais da gestão por processos.

Neste capítulo, discorreremos a respeito da operacionalização da gestão por processos, sua estruturação e seu mapeamento. Em relação à estruturação dos processos de negócio, abordaremos os principais ganhos e, principalmente, as fases de tal procedimento na empresa. Daremos ênfase à questão dos líderes e das equipes de Aperfeiçoamento de Processos Empresariais (APE) no que tange à alocação das pessoas no contexto dessa abordagem organizacional. Relativamente ao mapeamento, destacaremos a visualização das atividades, dos processos e da hierarquia de processos de negócio.

Antes de começarmos, é importante destacar que alterar estruturas funcionais, tanto de pequenas quanto de grandes empresas, para processos de negócio não é uma atividade fácil. **Quanto mais tradicional for a empresa, maiores serão os riscos**, e tal mudança sempre exigirá muito trabalho, dedicação e organização por parte dos seus gestores. De Sordi (2008) destaca os principais ganhos com a estruturação dos processos de negócio:

- aumento da confiabilidade dos processos;
- menor tempo de resposta;
- menores custos;
- redução de estoques;
- melhoria da capacidade de produção;
- redução da burocracia;
- foco na natureza e no fluxo de trabalho;
- foco na satisfação do cliente.

Segundo Harrington (1993), o trabalho de APE envolve a estruturação da gestão por processos na empresa e o mapeamento dos processos de negócio. Trata-se de um método sistemático que visa auxiliar a organização a operar e a aperfeiçoar seus processos gerenciais.

O APE pode ser dividido em cinco fases principais (Quadro 2.1), todas elas com objetivos bem definidos.

Quadro 2.1 – Fases da estruturação da gestão por processos na empresa

Fase	Descrição	Objetivo
I	Organizando para o aperfeiçoamento	Estabelecer liderança, entendimento, comprometimento (assegurar o sucesso).
II	Entendendo o processo	Entender processos atuais (e suas dimensões).
III	Aperfeiçoando o processo	Aperfeiçoar eficiência, eficácia e adaptabilidade.
IV	Medindo e controlando	Implementar sistema de controle.
V	Aperfeiçoando continuamente	Implementar sistema de melhoria contínua.

Fonte: Elaborado com base em Harrington, 1993.

Para Rummler e Brache (1994), são diversas as atividades envolvidas no trabalho de melhoria de processos:

- identificação da questão crítica do negócio;
- identificação dos processos críticos;
- seleção dos processos para aperfeiçoamento;
- seleção do líder de APE;

- seleção dos membros da equipe multifuncional de APE;
- treinamento da equipe de APE;
- desenvolvimento do mapa atual de processos;
- análise do mapa atual, com a identificação dos problemas;
- análise dos problemas;
- desenvolvimento do mapa ideal dos processos de negócio;
- estabelecimento de indicadores de desempenho;
- planejamento de mudanças e recomendações;
- implementação das mudanças.

É fundamental salientarmos que a aplicação do método de APE deve ser iniciada por uma organização interna da empresa, ou seja, devem ser designados uma equipe multifuncional e um líder, responsáveis pelo trabalho de estruturação da gestão por processos. A organização interna da empresa pressupõe: o estabelecimento de uma liderança interna para o trabalho de APE e o entendimento e comprometimento das partes envolvidas com o propósito de estruturar os processos internos da empresa e viabilizar a mudança para um novo modelo de gestão.

Em suma, o trabalho de APE consiste em tornar os processos:

- **eficazes**: produzindo os resultados desejados;
- **eficientes**: minimizando o uso de recursos na produção dos resultados;
- **adaptáveis**: capazes de atender às necessidades variáveis do cliente e da empresa (flexibilidade e agilidade).

Assim, nas próximas seções e no capítulo seguinte, estudaremos os tópicos de maior relevância no trabalho de APE: a hierarquia de processos de negócio, a seleção da equipe e do líder, a seleção de processos críticos, o mapeamento de processos e os indicadores de desempenho.

2.1

Hierarquia de processos

A visão geral dos sistemas que compõem a organização é o ponto de partida para o trabalho de estruturação dos processos de negócio. Aqui, resgatamos o conceito de *processo* visto no Capítulo 1, ao considerarmos a empresa como um agente de **processamento** – com suas áreas funcionais e subsistemas –, que converte **entradas** – insumos (bens de capital, matéria-prima, tecnologia, recursos humanos) – em **saídas** (produtos e serviços), como explicitado na Figura 2.1. Esse sistema é autorregulado por seus critérios de *feedback* interno (retroalimentação) e externo (mercado). A concorrência também recorre aos mesmos recursos e fornece produtos para o mercado. A organização se utiliza, ainda, de mecanismos de controle (o gerenciamento com base em indicadores) que interpretam os *feedbacks* internos e externos e possibilitam que a empresa possa se reorientar com base nestes.

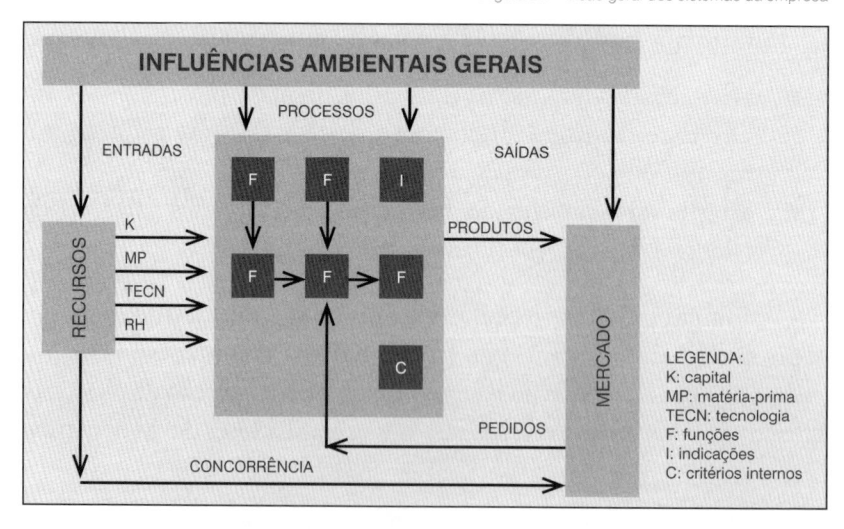

Figura 2.1 – Visão geral dos sistemas da empresa

Fonte: Elaborado com base em Müller, 2003.

Com base nessa visão geral, é possível estabelecer uma hierarquia entre os processos internos de transformação da empresa (Figura 2.2).

Figura 2.2 – Hierarquia de processos

```
                        AMBIENTE
                           │
                           ▼
            ┌──────────────────────────────┐
            │   PROCESSOS DE GESTÃO        │
   RECURSOS │   PROCESSOS PRIMÁRIOS        │ MERCADO
            │   PROCESSOS DE APOIO         │
            └──────────────────────────────┘
                           ▲
                           │
                      CONCORRENTES
```

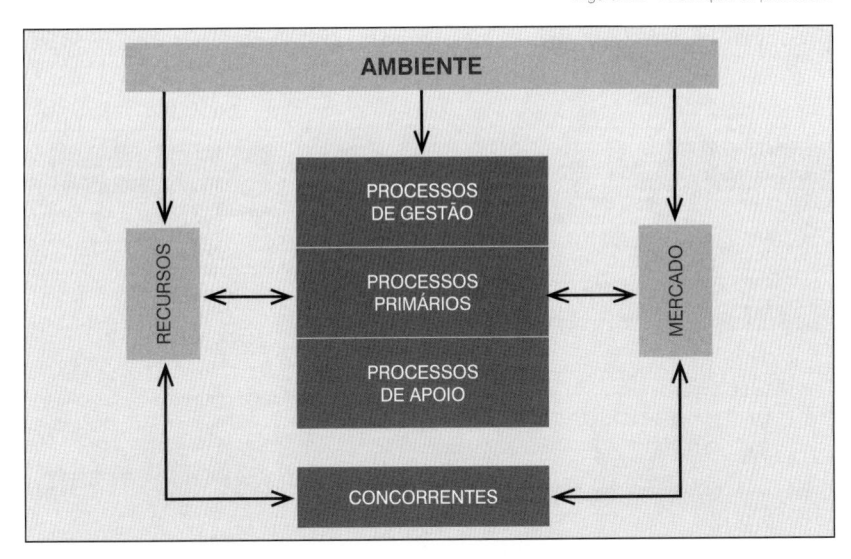

Fonte: Elaborado com base em Müller, 2003.

Segundo Müller (2003), é possível diferenciar os processos em três grupos: os de gestão, os primários e os de apoio.

1. **Processos de gestão** – destinam-se a coordenar (gerenciar) os processos de apoio e os primários.
2. **Processos primários** – são aqueles que entram em contato direto com os clientes e cujas falhas, quando houver, serão imediatamente conhecidas pelo cliente (ex.: vendas).
3. **Processos de apoio** – são aqueles que suportam os primários, sendo necessários à execução destes (ex.: compras).

Portanto, os processos são diferenciados pelo seu objetivo final, e a compreensão dessa hierarquia é fundamental para selecionarmos os processos críticos da empresa (aqueles que têm impacto direto nas estratégias e nas metas da organização), que serão alvo do trabalho de APE.

Outra questão de extrema relevância é a percepção de que os processos da empresa se relacionam entre si. Além da hierarquia estabelecida anteriormente, todo o macroprocesso de transformação realizado pela empresa pode ser dividido em processos de negócio distintos.

Os processos distintos, por sua vez, podem ser decompostos em subprocessos, e estes, em atividades (Figura 2.3).

Figura 2.3 – Mapa de relacionamento de processos

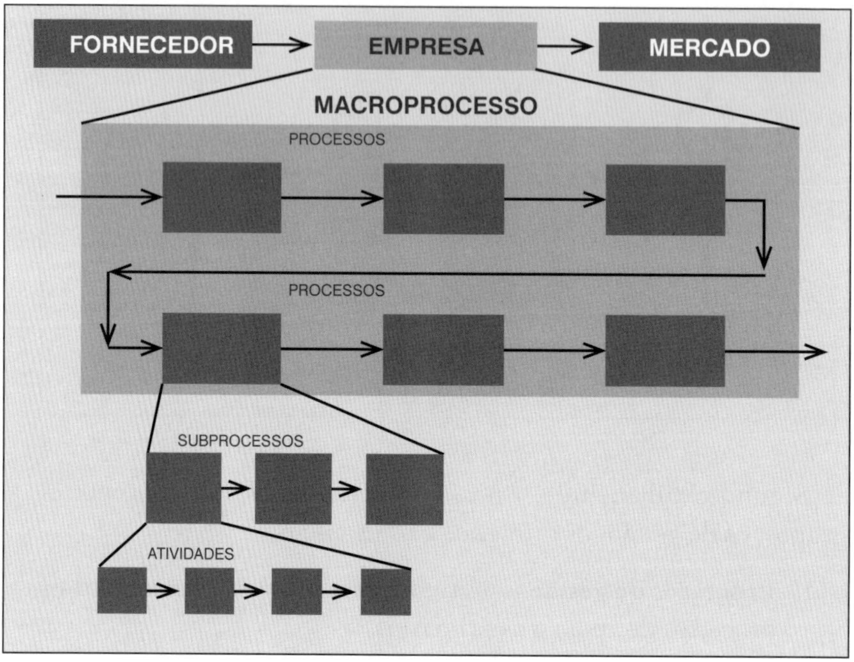

Fonte: Elaborado com base em Harrington, 1993.

Para compreendermos como os processos podem ser decompostos e como se relacionam, apresentamos o exemplo da empresa Alcoa, relatado por De Sordi (2008):

- processo de negócio **Administração**;
- processo de negócio **Estratégia empresarial**;
- processo de negócio **Produção**;
- processo de negócio **Serviços a clientes** (que, por sua vez, pode ser dividido em **Gerenciamento de pedidos**, **Transportes** e **Vendas**).

O processo de vendas pode ser decomposto em:

- subprocesso **Gerenciamento de contas de clientes e atividades**;
- subprocesso **Processamento de reclamações e atividades**.

Segundo Müller (2003), com base na visualização do mapa de relacionamento de processos, é possível analisar e compreender como é realizado o trabalho na organização, além de identificar as lacunas de comunicação e integração entre processos, atividades e áreas funcionais. É somente mediante a identificação de tais lacunas que a empresa pode empreender esforços no sentido de desenvolver relacionamentos interfuncionais e de buscar e avaliar meios alternativos para agrupar pessoas.

Essa abordagem de decomposição dos processos de negócios inicia-se pela identificação das atividades; em seguida, dos subprocessos; para, finalmente, passar à identificação dos processos da empresa (abordagem de baixo para cima). E por que fazemos isso? Ora, se o nosso trabalho consiste na implementação da gestão por processos na empresa, precisamos levantar informações para compor o mapa atual de processos.

A abordagem de baixo para cima é facilitada pelo fato de as empresas (e todos os seus funcionários) dominarem suas atividades. **As pessoas conhecem as funções que desempenham, embora, muitas vezes, não tenham a visão do todo.** Assim, a equipe de APE, coordenada pelo líder, deve ir a campo para coletar tais informações (e todas as atividades devem ser incluídas na análise) a fim de montar o quebra-cabeça do mapa atual de processos da empresa. Para tanto, deve utilizar técnicas de coleta de dados (entrevistas, aplicação de questionários, seções de *brainstorming*, de *focus group* e seminários).

Ainda no âmbito do trabalho de mapeamento dos processos da empresa, é necessário estabelecer os limites de cada processo identificado – ou seja, o começo e o fim de cada processo –, de modo que se evitem a sobreposição entre eles e erros na montagem do mapa. Algumas perguntas podem ser feitas para auxiliar na identificação dos limites de um processo empresarial:

- O que está incluído?
- O que está excluído?
- Quais são as saídas?
- Quem são os clientes das saídas?
- Quais são as entradas?

- Quem são os fornecedores das entradas?
- Quais são os departamentos envolvidos?
- Com que outros processos ele (o processo em análise) se integra?

As perguntas anteriores são muito importantes, pois elas auxiliam na delimitação do processo empresarial identificado.

2.2 Líder e equipes de APE

O líder da equipe de APE é o responsável por monitorar o desempenho desta e assegurar que ela promova o aperfeiçoamento contínuo do processo crítico selecionado. Um **processo crítico**, conforme Rummler e Brache (1994, citados por Müller, 2003), é aquele que influencia um fator competitivo que a empresa deseja reforçar ou expandir. Para identificá-lo, não é necessário dispor de instrumentos sofisticados, mas, sim, levar em consideração a importância de determinados processos, como aqueles que exercem maior impacto sobre as estratégias, as metas da empresa, o trabalho de todos dentro da organização e o cliente.

Além disso, o líder também é responsável por facilitar a interação entre os lados de dentro e de fora da equipe de APE. Dentro da equipe de APE, as diferenças aparecem em função da reunião de membros de várias áreas funcionais da empresa. Fora da equipe de APE, o líder deve gerenciar as interfaces desta com o restante da organização, além de desenvolver um plano de ação e um orçamento para todo o trabalho de APE. A **liderança** deve ser dada ao profissional com base nos seguintes critérios (Harrington, 1993):

- sentimento de propriedade e comprometimento;
- poder de ação sobre os processos da empresa;
- habilidade para exercer a liderança;
- conhecimento dos processos de negócio da empresa;
- capacidade de aprimorar o processo crítico selecionado e mantê-lo em um nível desejado.

Ainda segundo Harrington (1993), quanto à **equipe de APE**, seus membros devem ser selecionados de acordo com os seguintes critérios:

- autoridade para comprometer os recursos da área funcional/departamento de origem;
- disposição de tempo para participar das atividades;
- conhecimento prático e efetivo do processo;
- credibilidade perante os demais;
- vontade de participar;
- crença na melhoria e na disposição para adotar mudanças.

Via de regra, a equipe de APE deve ser composta por indivíduos capazes de compreender, além da própria função, todo o processo organizacional da empresa, de perceber a necessidade de implementação de uma nova abordagem de gestão e de encarar a indicação para a equipe como um prêmio.

Questões para reflexão

Você já vivenciou a experiência de implantação da gestão por processos na sua empresa ou na empresa em que trabalha? Pode ter sido na estrutura como um todo ou em alguns processos específicos, como na área de produção (mais comumente encontrado). Como foi a etapa de estruturação para iniciar o mapeamento dos processos da empresa? Foram designados líderes e equipes de APE? Como foi o trabalho? Você saberia indicar os processos críticos da sua empresa?

3

Mapeamento de processos

No Capítulo 2, abordamos a estruturação de processos de negócio, destacando os principais elementos para a sua operacionalização. Vimos que o trabalho de estruturação visa à implantação da abordagem de gestão por processos e que a etapa inicial consiste na composição das equipes de Aperfeiçoamento de Processos Empresariais (APE) e na seleção de seus líderes. Sob uma liderança responsável e comprometida com essa tarefa, os membros selecionados para as equipes de APE serão responsáveis pela coleta de dados sobre todas as atividades executadas na empresa.

Ainda no capítulo anterior, apresentamos o conceito de *hierarquia de processos de negócio* demonstrando de que maneira os processos se inter-relacionam na organização. Visualizando e compreendendo como se desenvolvem os processos da empresa, percebemos como se dão os fluxos de trabalho. Destacamos, ainda, a importância da seleção dos processos críticos da organização, ou seja, aqueles que têm maior impacto sobre o cliente e as metas da empresa. Diante do desafio de implementar a abordagem por processos, é aconselhável selecionar os processos críticos da empresa para, então, realizar o trabalho de melhoria com base neles. E, finalmente, completando o conteúdo do Capítulo 2, estudamos a importante tarefa de visualização dos processos por meio do mapeamento.

Retomaremos brevemente o conteúdo anterior aqui, pois este capítulo dá seguimento ao trabalho de operacionalização da abordagem de processos. Veremos a construção e os tipos de fluxogramas e um conjunto de indicadores de desempenho que podem auxiliar nas análises dos processos mapeados. Recuperando o Quadro 2.1, abordaremos, primeiramente, a segunda fase de estruturação da gestão por processos, ou seja, a da compreensão dos processos atuais, e em seguida, veremos as fases subsequentes de aperfeiçoamento dos processos, medição, controle e implementação dos sistemas de melhoria contínua.

O mapeamento de processos é feito com base nas informações coletadas, principalmente por meio de entrevistas e questionários realizados com os funcionários, pela equipe de APE, a respeito das atividades realizadas na empresa. De posse desses dados, analisa-se como as atividades são reunidas em processos específicos e, por sua vez, como estes se relacionam. Desse modo, o trabalho de mapeamento consiste na **representação visual desses dados** e deve ser feito em três etapas principais:

1. Identificação do objetivo do processo selecionado, dos clientes, dos fornecedores e dos resultados esperados.
2. Documentação do processo.
3. Transferência das informações para um mapa (representação visual).

De acordo com Müller (2003), o mapeamento de processos nos permite definir e destacar quais são as atividades-chave da empresa, bem como as medidas de desempenho que possibilitarão o estabelecimento de um sistema de controle simultâneo sobre essas atividades. Com o mapeamento, é possível visualizar onde e por que os recursos da empresa são alocados. O autor destaca que, por meio dessa ferramenta, também podemos identificar oportunidades de melhoria e perceber como as tarefas se engajam em processos de negócio mais gerais da empresa. Podemos, ainda, utilizar o mapeamento de processos como referência para treinamentos (justamente pelo seu potencial de comunicação e entendimento do próprio funcionamento da empresa).

Assim, **o mapeamento é uma ferramenta utilizada para representar as atividades dos processos existentes na empresa, bem como dos processos propostos**. Ele nos permite visualizar e analisar as relações entre departamentos, atividades, fluxos (de informação, de trabalho, de recursos) e o impacto das mudanças propostas (Müller, 2003).

A seguir, conheceremos mais profundamente os fluxogramas, ferramenta-chave para a representação de processos. Parafraseando Harrington (1993), um fluxograma vale mais que mil procedimentos.

3.1
A importância da elaboração de fluxogramas

Os fluxogramas têm a função de representar visualmente um processo para que as áreas que precisam ser melhoradas sejam identificadas e as oportunidades de mudança, evidenciadas. A elaboração de fluxogramas deve preceder a elaboração de procedimentos de trabalho que visem ao aperfeiçoamento de processos (Müller, 2003; De Sordi, 2008). Com a elaboração de fluxogramas, é possível mapear o estado atual dos processos da empresa, que podem, assim, ser analisados sob vários aspectos, como veremos no decorrer do capítulo.

Quadro 3.1 – Simbologia para construção de fluxogramas (padrão Ansi)[1]

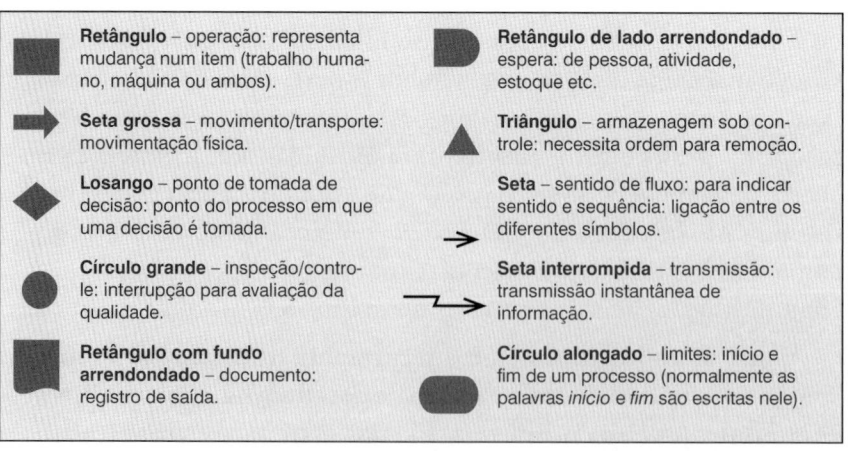

■	**Retângulo** – operação: representa mudança num item (trabalho humano, máquina ou ambos).	▬	**Retângulo de lado arrendondado** – espera: de pessoa, atividade, estoque etc.
➡	**Seta grossa** – movimento/transporte: movimentação física.	▲	**Triângulo** – armazenagem sob controle: necessita ordem para remoção.
◆	**Losango** – ponto de tomada de decisão: ponto do processo em que uma decisão é tomada.	→	**Seta** – sentido de fluxo: para indicar sentido e sequência: ligação entre os diferentes símbolos.
●	**Círculo grande** – inspeção/controle: interrupção para avaliação da qualidade.	↝	**Seta interrompida** – transmissão: transmissão instantânea de informação.
▢	**Retângulo com fundo arrendondado** – documento: registro de saída.	⬬	**Círculo alongado** – limites: início e fim de um processo (normalmente as palavras *início* e *fim* são escritas nele).

Fonte: Elaborado com base em Ansi, 2013.

[1] Para conhecer outros símbolos, inclusive os utilizados em processos industriais específicos (logística, químicos, elétrica, transferência de calor, ventilação etc.), consulte o *site* do American National Standards Institute (Ansi): <http://www.ansi.org>.

De posse da simbologia para a construção de fluxogramas (Quadro 3.1), podemos representar os processos da empresa visualmente. Para cada tipo de atividade realizada no processo, que deverá ser adicionada ao fluxograma, existe um símbolo específico. A literatura sobre fluxogramas é bastante vasta e encontramos vários tipos que podem ser utilizados para objetivos distintos. A seguir, veremos alguns deles.

1. **Diagrama de blocos** – Permite uma rápida visão geral do processo mapeado. Geralmente, é elaborado no início do trabalho de levantamento dos dados para mapearmos os processos (com o objetivo de organizarmos os dados coletados). Como exemplo desse tipo de fluxograma, podemos visualizar a Figura 3.1, que se refere à organização de um churrasco.

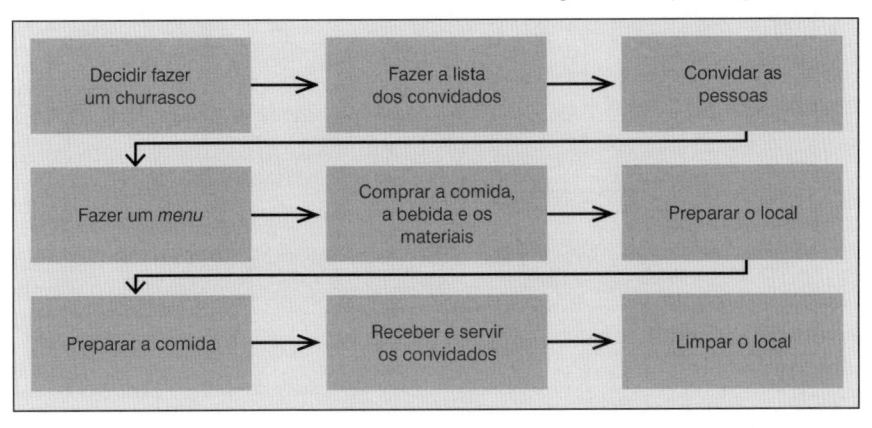

Figura 3.1 – Exemplo de diagrama de blocos

Decidir fazer um churrasco → Fazer a lista dos convidados → Convidar as pessoas

Fazer um *menu* → Comprar a comida, a bebida e os materiais → Preparar o local

Preparar a comida → Receber e servir os convidados → Limpar o local

2. **Fluxograma funcional** – Permite visualizar o movimento entre as diferentes áreas de trabalho. Na linha dos departamentos (das áreas funcionais), podemos visualizar a contribuição de cada um deles para o processo como um todo (incluindo as medidas de desempenho a serem consideradas). Podem ser usados somente blocos (Figura 3.1) ou a simbologia padrão Ansi.
3. **Fluxo-cronograma** – Permite visualizar, além do fluxograma funcional, a indicação de **tempo de processamento** (tempo gasto para realizar a atividade) e de **ciclo de cada atividade** (tempo entre a finalização da última atividade e a finalização

da atividade considerada). Inclui o tempo gasto com a movimentação física entre a atividade considerada e a subsequente, levando em conta as esperas, a estocagem, as revisões e quaisquer outras variáveis que gastem tempo de processo. Além disso, permite ordenar a realização das atividades.
4. **Fluxograma geográfico ou físico** – Permite visualizar e analisar o fluxo físico das atividades, identificando-se rapidamente excessos de deslocamento e esperas, no caso de um produto (*layout*) ou de processos excessivamente burocráticos.

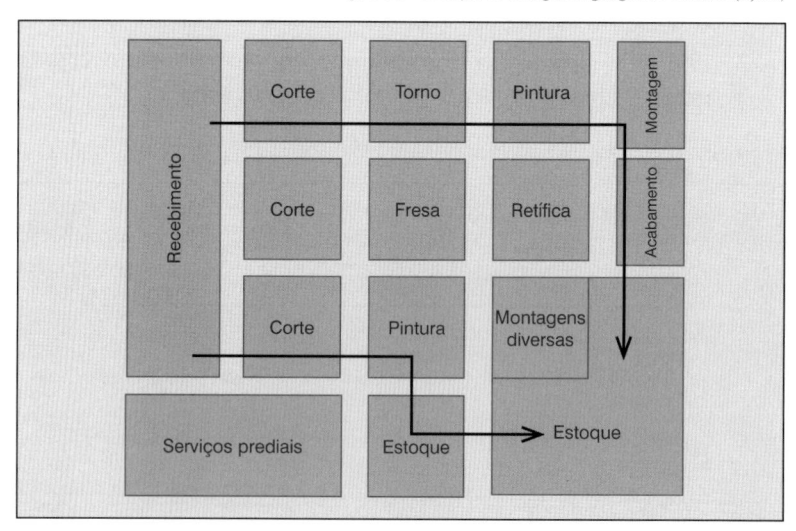

Figura 3.2 – Exemplo de fluxograma geográfico ou físico (*layout*)

Recebimento	Corte	Torno	Pintura	Montagem
	Corte	Fresa	Retífica	Acabamento
	Corte	Pintura	Montagens diversas	
Serviços prediais		Estoque	Estoque	

Fonte: Elaborado com base em Paranhos Filho, 2007.

Observação: No Capítulo 4, faremos um exercício utilizando a simbologia Ansi para a construção de fluxogramas.

3.2

Análise dos processos de negócio

Segundo Müller (2003), a análise dos processos de negócio tem por objetivo ampliar a compreensão das características do processo, de forma a possibilitar uma posterior melhoria e padronização (quando necessária ou desejada). Ou seja, **quanto mais compreendemos os processos empresariais, maior é a nossa capacidade de propor aperfeiçoamentos**. Para tanto, os indicadores de desempenho devem estar sempre presentes na análise dos processos: não se pode controlar o desempenho do processo se não há informações precisas sobre o seu andamento.

Os indicadores guardam relação estreita com as metas que pretendemos alcançar: se pretendemos reduzir custos, devemos implantar indicadores financeiros para controle; se pretendemos reduzir o tempo, devemos implantar indicadores de tempo de ciclo e processamento em cada uma das atividades de um processo para assegurarmos o cumprimento das metas estabelecidas.

A seguir, veremos os indicadores de tempo, custo, valor agregado e qualidade.

Análise do tempo

De acordo com Müller (2003), é possível, por meio da construção de um fluxo-cronograma, obter informações importantes a respeito de quais atividades devem ser priorizadas na análise do tempo e qual o ponto a ser melhorado em relação a esse indicador. Para tanto, é necessário comparar os tempos de ciclo e de processamento para mensurar as ineficiências de um dado sistema.

Como exemplo, podemos utilizar esse tipo de indicador para analisar as atividades em série *versus* as atividades em paralelo (como visto anteriormente).

Análise do custo

Os custos das atividades fornecem pistas sobre os problemas e as ineficiências dos processos (por exemplo, identificando-se as atividades de maior custo no processo). Para evitar o grande volume de trabalho necessário para se chegar aos custos exatos de cada atividade, é possível estimar os custos.

Lembre-se: o mais importante é a compreensão dos processos de negócio, ou seja, não pretendemos controlar todos os custos por meio do mapeamento, mas indicar nos fluxogramas ao menos os custos estimados de cada atividade mapeada.

Uma sugestão é a utilização do método *Activity-Based Costing* (ABC), que, em linhas gerais, se baseia nas seguintes premissas: foco nas atividades, visualização das atividades de mais alto custo e visualização das atividades que não adicionam valor.

Análise do valor agregado

Para que se possa analisar o valor agregado, é preciso identificar, primeiramente, as atividades que realmente adicionam valor aos produtos sob a perspectiva do cliente.

Ao decompormos um produto em seus subsistemas (por exemplo, suas partes, seus componentes) e ao analisarmos as atividades realizadas pela empresa para a execução total do produto, podemos distinguir os seguintes tipos de atividades:

- **Valor real agregado (VRA)** – Atividades observadas pelo cliente, que contribuem para gerar as saídas (produtos) que ele espera.
- **Valor empresarial agregado (VEA)** – Atividades necessárias para a realização do produto (mas sem valor especial para o cliente).
- **Sem valor agregado (SVA)** – No momento em que identificamos essas atividades, elas devem ser eliminadas.

Conforme Müller (2003), nos processos empresariais, menos de 30% do custo está nas atividades VRA. Além disso, de acordo com Harrington, citado por Müller (2003), outro fato alarmante é a diferença entre o tempo de ciclo de atividades VRA e o tempo de ciclo total, que seria de menos ou cerca de 5%. Para Harrington (citado por Müller, 2003, p. 97), os motivos para isso seriam: o aumento desordenado das organizações (com isso, os processos entram em colapso e são reestruturados para serem rapidamente usados, o que os torna mais complexos); a opção de, em vez de se alterar o processo, quando ocorre erro, instalar controles adicionais para revisar as saídas (ainda que, quando o processo é corrigido, os controles permaneçam); o fato de os envolvidos no processo raramente falarem com os clientes, fazendo com que não compreendam as exigências destes; o enorme gasto de tempo em atividades de manutenção interna, no lugar de gastá-lo ao reprojetar os processos ineficientes.

Análise da qualidade

A preocupação mais importante no controle da qualidade está centrada no atendimento dos requisitos do cliente e na prevenção da reincidência de defeitos (Ishikawa, 1993). Para a análise da qualidade, podemos utilizar ferramentas básicas difundidas pela gestão da qualidade:

- técnica dos "porquês";
- diagrama de causa e efeito (também conhecido como *diagrama espinha de peixe* ou *diagrama de ishikawa*);
- gráfico de Pareto;
- histograma;
- gráficos de dispersão;
- cartas de controle.

As duas primeiras ferramentas auxiliam na análise da situação-problema: com a técnica dos porquês, podemos identificar o problema principal que afeta a qualidade; com o diagrama de causa e efeito, podemos identificar as causas de determinado problema, ligadas à mão de obra, às matérias-primas, às máquinas, ao meio ambiente, ao método e às medidas (técnica dos 6 Ms). O gráfico de Pareto, por sua vez, nos auxilia a identificar, entre as causas levantadas, aquelas que determinam a maioria dos problemas de perda da qualidade. Uma vez identificadas as causas, suas soluções (e consequentes eliminações) serão priorizadas.

As três últimas ferramentas da lista anterior – histograma, gráficos de dispersão e cartas de controle – são **ferramentas baseadas em estatística** e pertencem ao âmbito da área de Controle Estatístico de Processos (CEP). Elas podem ser empregadas em pontos específicos do processo para acompanhar e controlar os indicadores de qualidade.

Os histogramas nos possibilitam visualizar a distribuição de um conjunto de dados. Já os gráficos de dispersão nos permitem analisar a relação entre duas variáveis (por exemplo: a influência da temperatura do forno no peso do produto), e as cartas de controle nos ajudam a apreender a variabilidade dos processos produtivos ao longo do tempo.

Melhoria dos processos

Os processos empresariais nunca são estáticos: eles podem tanto melhorar quanto se deteriorar a cada dia. Harrington (1993) apresenta 12 princípios para agilizar a dinâmica do trabalho de APE:

1. eliminação da burocracia;
2. eliminação da duplicidade;
3. avaliação do valor agregado (ava);
4. simplificação;
5. redução do tempo de ciclo;
6. tornar os processos à prova de erros;
7. modernização;
8. linguagem simples;
9. padronização;
10. parceria com fornecedores;
11. aperfeiçoamento do quadro geral;
12. automação e/ou mecanização de processos: soluções em tecnologia da informação.

Esses princípios propostos pelo autor consistem em modos de agilizar os processos (modernizá-los, reduzi-los, simplificá-los), corrigi-los no que for necessário e melhorá-los continuamente.

3.3

Business Process Management System (BPMS)

Todo o trabalho de APE visa à implementação de uma abordagem de gestão por processos: o *Business Process Management System* (BPMS). Segundo De Sordi (2008), as empresas que estruturaram sua gestão por meio de processos passaram a ser rotuladas como *orientadas a processos*, ao passo que as organizações tradicionais que operam somente por meio das suas áreas funcionais passaram a ser denominadas *baseadas em funções*. Na prática, o que se vê frequentemente nas empresas é um modelo misto denominado *estrutura função-processo*, em que prevalecem as áreas funcionais da organização, que passam a dar apoio à operação de diversos processos de negócio, devidamente identificados e mapeados, tal como mostra a Figura 3.3.

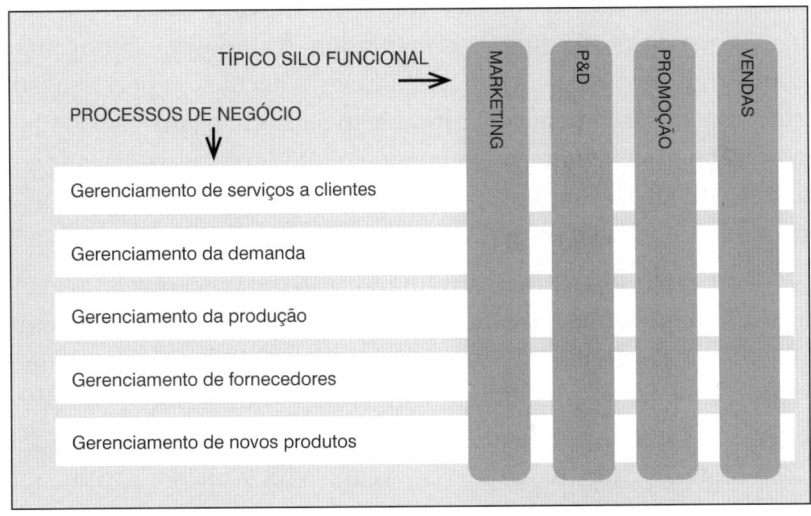

Figura 3.3 – Exemplo de estrutura função-processo

PROCESSOS DE NEGÓCIO	TÍPICO SILO FUNCIONAL	MARKETING	P&D	PROMOÇÃO	VENDAS
Gerenciamento de serviços a clientes					
Gerenciamento da demanda					
Gerenciamento da produção					
Gerenciamento de fornecedores					
Gerenciamento de novos produtos					

Fonte: Elaborado com base em De Sordi, 2008.

O reconhecimento dessa estrutura mista pode facilitar o trabalho de implementação da abordagem por processos nas empresas, uma vez que não elimina totalmente a estrutura organizacional original.

Questões para reflexão

Seguindo o exemplo dos modelos de processo citados, é possível distingui-los na empresa em que você atua? Você poderia citar os processos empresariais da sua empresa? Nela são empregados fluxogramas? Quais?

4

Modelando o processo: a tecnologia *workflow*

No capítulo anterior, estudamos a construção e os tipos de fluxogramas e um conjunto de indicadores de desempenho que podem auxiliar nas análises dos processos mapeados. A importância dos fluxogramas reside na função de representar visualmente um processo para que possamos facilmente identificar as áreas a serem aperfeiçoadas, ou seja, elaboramos um mapa do estado atual dos processos da empresa, a ser analisado sob vários aspectos, entre eles o custo, o tempo, a agregação de valor sob a ótica do cliente e a qualidade.

Neste capítulo, trataremos da automação dos processos de negócio. Trabalharemos com a abordagem da tecnologia *workflow* para introduzir a solução *Business Process Management* (BPM). Como essa abordagem abre caminho para o desenvolvimento das soluções de BPM, é preciso, antes, compreendê-la. Apresentaremos até mesmo um exercício neste capítulo, para que você venha a fixar melhor o conteúdo.

Segundo Müller (2003), o trabalho de Aperfeiçoamento de Processos Empresariais (APE) tem por objetivo ampliar a compreensão das características dos processos empresariais para posterior melhoria e padronização (quando necessário ou desejado). Partimos do pressuposto de que, **quanto mais compreendemos os processos empresariais, maior é a nossa capacidade de propor aperfeiçoamentos** (conforme Quadro 2.1, do Capítulo 2).

Retomaremos, brevemente, o conteúdo do Capítulo 3, pois aqui daremos continuidade à nossa exposição do trabalho de aperfeiçoamento contínuo de processos. Recuperando o Quadro 2.1, referente às fases da estruturação da gestão por processos na empresa, vamos nos concentrar na fase cinco, a de implementação dos sistemas de melhoria contínua dos processos. Assim, veremos a automação dos processos de negócio, por meio da aplicação da tecnologia *workflow*.

4.1

Delineando o processo

Como vimos no Capítulo 1, **processo** é uma atividade que usa recursos e cuja gerência é capaz de transformar entradas em saídas (ABNT, 2008). A empresa é considerada um agente de processamento – com suas áreas funcionais e subsistemas –, que converte entradas (insumos – bens de capital, matéria-prima, tecnologia, recursos humanos) em saídas (produtos e serviços).

Segundo Ferreira (2006), podemos conceituar *workflow* como um meio de visualização, análise e melhoria de processos por intermédio da automação destes mediante o uso de ferramentas específicas.

> Com o uso desta tecnologia, é possível tratar de forma gráfica a troca de informações e tarefas entre os participantes de um processo, de acordo com as regras e objetivos deste processo. Por definição, a tecnologia pode ser aplicada em um processo com o uso de técnicas "manuais", sem a intervenção de computadores ou ferramentas, ou de forma automatizada com a utilização destes. É claro que a última proposta é a mais utilizada e difundida. (Ferreira, 2006, p. 19)

De acordo com o consórcio de empresas Workflow Management Coalition (WfMC, citado por Ferreira, 2006, p. 20), *workflow* é "a automação de um processo no todo ou em parte, garantindo o correto roteamento de documentos, informações e tarefas entre os participantes deste processo".

Vejamos as definições de *processo* e *atividade*:

- "Processo: conjunto coordenado de atividades (sequenciais ou paralelas) que são interligadas com o objetivo de alcançar uma meta comum.
- Atividade: um fragmento de trabalho que contribui para o cumprimento de um processo (reunião de atividades interligadas)" (WfMC, citado por Ferreira, 2006, p. 20).

Assim, para modelarmos um processo, devemos levar em consideração as seguintes premissas:

- Todo trabalho é viabilizado por meio de uma rede de processo.
- Toda pessoa faz parte de um processo.
- Todo processo gera um produto (saída).
- Todo processo tem um cliente, seja interno, seja externo à empresa.
- Todo processo requer entradas.
- Todo processo possui fornecedores

Conforme dito no Capítulo 3, utilizando a simbologia da Ansi para a construção de fluxogramas, faremos um exercício que ilustra o conceito de processo e a iniciativa de modelarmos os processos empresariais com vistas à proposição futura de automação.

Exercício: Na empresa A, os pedidos ao estoque ocorrem da seguinte forma: ao receber uma solicitação de peça, o funcionário responsável pelo estoque verifica na listagem do setor a disponibilidade dessa peça. Caso esteja disponível, ela é entregue ao solicitante e é dada a baixa no estoque. Caso contrário, verifica-se com os fornecedores da empresa o tempo necessário para que a peça seja entregue, e essa informação é repassada ao solicitante. Se este ainda desejar o item, o pedido é feito imediatamente ao fornecedor e, em seguida, aguardam-se a chegada da peça e sua entrada no estoque. Finalmente, o item solicitado é entregue ao solicitante, dando-se baixa no estoque.

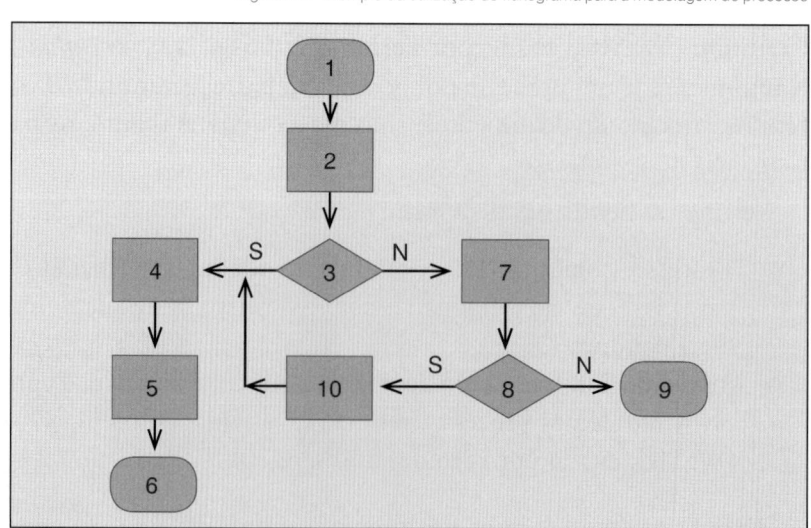

Figura 4.1 – Exemplo da utilização de fluxograma para a modelagem de processo

Análise do exercício: (1) Início; (2) Recebe a solicitação e verifica no estoque; (3) Disponível – Sim; (4) Entrega ao solicitante; (5) Baixa no estoque; (6) Fim. (3) Disponível – Não; (7) Verifica tempo de entrega e informa ao solicitante; (8) Solicitante quer a peça – Não; (9) Fim. (8) Solicitante quer a peça – Sim; (10) Faz o pedido e aguarda entrada no estoque; (4) Entrega ao solicitante; (5) Baixa no estoque; (6) Fim.

4.2 Sistemas de gerência de *workflow*

Os sistemas de gerência de *workflow* permitem a definição, a criação e a gerência da execução de *workflows* por meio de *softwares*, que podem ser executados em um ou mais motores de *workflow* (*workflow engines*) e são capazes de interpretar a definição do processo, interagir com os participantes do *workflow* e invocar ferramentas e aplicações de sistemas de informações, quando necessário (WfMC, citado por Ferreira, 2006).

Os sistemas de gerência de *workflow* têm como objetivo prover (Ferreira, 2006, p. 21):

- **O roteamento do trabalho** – Possibilita a definição da sequência prévia em que as atividades serão executadas. Pode ser sequencial ou com base em uma decisão. Neste último caso, deve ser realizado um teste para a determinação de quais atividades subsequentes na definição do processo serão executadas.
- **O gerenciamento de procedimentos** – Possibilita a definição dos passos do *workflow*, a sequência destes, o caminho ao longo de determinado passo e as regras que determinam o caminho.
- **A distribuição do trabalho (alocação de atividades)** – Define o papel do(s) usuário(s) envolvido(s) no *workflow*.
- **O monitoramento e o controle** – Monitora e controla as funções que fornecem informações sobre o estado atual de processamento (prevenção).

- **A notificação** – Gerencia a distribuição de notificações sobre o andamento das tarefas e dos resultados prévios de indicadores de desempenho, como tempo e custo.
- **A priorização de tarefas** – Adota a sistemática do tipo Fifo (*first in first out*)[1].
- **A geração de dados estratégicos** – Gera bases de dados históricos (tempo, gargalos, custo, entre outros) que refletem a eficiência e a eficácia dos processos implementados pela empresa.

De acordo com Ferreira (2006), gerenciar um *workflow* é coordenar a execução das atividades, respeitando-se a ordem planejada de execução das interdependências e das pré-condições entre essas atividades.

Questões para reflexão

Existe a possibilidade de implantação de BPM na empresa em que você atua? Qual a sua experiência de utilização dos BPM? Procure elaborar o fluxograma de um processo de sua organização. Para tanto, utilize a simbologia Ansi.

---

[1] Na sistemática Fifo, não é levada em consideração a prioridade (relevância) de cada atividade, apenas sua ordem de chegada (primeira relacionada, primeira a ser realizada).

5

Introdução aos *Business Process Management Systems* (BPMS)

Nos Capítulos 2 e 3, aprendemos a organizar e a estruturar o trabalho de Aperfeiçoamento dos Processos Empresariais (APE). Concluída essa tarefa, temos todos os processos da empresa devidamente identificados e mapeados. A tecnologia *workflow*, vista no Capítulo 4, encaixa-se na sequência do nosso estudo e tem como objetivo automatizar os processos de negócios que foram alvo do trabalho de APE realizado inicialmente. Automatizar processos de negócio significa informatizá-los, transformá-los em sistemas baseados na tecnologia da informação (TI).

Desse modo, a adoção dos sistemas de gestão de processos de negócio é abordada na sequência do estudo que realizamos até aqui. O início da aplicação da solução de *Business Process Management* (BPM) se dá com o desenvolvimento da tecnologia *workflow*.

Neste capítulo, apresentaremos o tema **Business Process Management Systems** (**BPMS**), pontuando a importância dessa ferramenta na gestão do ciclo de vida dos processos. Iniciaremos o capítulo com o histórico dessa solução e aprenderemos a classificar os processos de negócio com base na complexidade deles. Em seguida, apresentaremos as tecnologias e as ferramentas relacionadas aos BPMS. Para tanto, faremos uso de exemplos de operações empresariais que requerem a integração de sistemas de informação entre diferentes organizações. Por fim, estudaremos a arquitetura orientada a serviços (SOA – do inglês *Service Oriented Architecture*), que possibilita a implantação da solução BPMS nos sistemas disponíveis e em uso nas empresas.

A utilização da tecnologia de *workflow* e dos BPMS se faz necessária, pois, uma vez que os processos de negócio são identificados e mapeados, eles podem apresentar um nível de complexidade elevado demais para serem geridos (Quadro 5.1). Diante das características dos processos, é preciso empregar ferramentas tecnológicas que deem suporte às mais variadas atividades envolvidas no gerenciamento destes (Sousa Neto; Medeiros Junior, 2008). Assim, a automação de um processo, no todo ou em parte, visa à garantia do correto roteamento de documentos, informações e tarefas entre os participantes do processo e concede suporte à gestão. Madison (2005) ressalta a importância dos processos, pontuando que a maioria dos problemas nas empresas decorre da má elaboração e do mau gerenciamento dos processos, dos mecanismos de controle e da estrutura.

Quadro 5.1 – Matriz de classificação dos processos de negócio

	Processos simples (estáticos)	Processos complexos (dinâmicos)
Atividades estratégicas	Valor moderado para os negócios. Foco na gestão de processos colaborativos.	Dificuldade na coordenação de diversos parceiros. Atividades de missão crítica para a empresa.
Atividades de suporte	Baixo valor para os negócios. Foco na automação e padronização.	Processos customizados, normalmente terceirizados.

Fonte: Sousa Neto; Medeiros Junior, 2008, p. 3.

A matriz do Quadro 5.1 se baseia no nível de complexidade e no caráter estratégico dos processos e pode ser utilizada para melhor compreendermos a natureza dos processos nas empresas. De acordo com Sousa Neto e Medeiros Junior (2008), o **nível de complexidade** tem como base o fato de que os processos mais complexos são caracterizados por serem mais dinâmicos, uma vez que são mais sujeitos a alterações e adaptações ao longo do tempo (por estarem mais intimamente ligados às contingências do ambiente). Já o **nível das atividades envolvidas nos processos** se divide em dois subgrupos: elas podem ter maior impacto estratégico – caso estejam relacionadas a questões de longo prazo (na matriz "Atividades estratégicas") – ou maior impacto operacional – caso se relacionem a questões diárias, atividades rotineiras da organização (na matriz "Atividades de suporte").

Segundo os autores, as atividades de suporte realizadas por meio de processos complexos devem ser deixadas sob a responsabilidade de terceiros. Os autores se valem do exemplo de um pequeno varejo que deseja comercializar seus produtos via internet (comércio eletrônico). A comercialização em si se constitui numa atividade de suporte; porém, quando feita eletronicamente, passa a ser vista como um processo complexo, requerendo a contratação de uma estrutura de TI para a manutenção do *site*. Nesse caso, a matriz sugere a terceirização da atividade de comércio eletrônico.

Já as atividades estratégicas envolvidas em processos estáticos (simples) têm um valor moderado para a empresa e, normalmente, requerem colaboração entre as organizações. Os autores exemplificam essa situação com o caso da atividade de compras para um supermercado: é uma atividade estratégica, por definição, uma vez que os contratos negociados geram impactos sobre os resultados operacionais da empresa; contudo, esse processo pode também ser considerado estático (simples), sendo mais bem gerenciado se realizado por meio de um trabalho colaborativo entre as empresas envolvidas (desse modo, o foco é voltado para as negociações dos contratos de compra).

Por fim, temos as atividades estratégicas envolvidas em processos complexos. Conforme Sousa Neto e Medeiros Junior (2008), esses processos devem ser gerenciados mediante uma abordagem de melhoria contínua, uma vez que a sua otimização gera alto retorno para a empresa. Como exemplo, os autores citam o gerenciamento e a análise dos tipos de planos de saúde existentes em relação à demanda e à aceitação de mercado. Para as empresas do setor, esse processo é de alto valor para os negócios.

O Quadro 5.1 pode ser complementado se retomarmos a caracterização dos processos de negócio que fizemos no Capítulo 1. Segundo De Sordi (2008), os processos de negócio apresentam características peculiares, que devem ser consideradas: por envolverem grande diversidade e quantidade de informações, requerem agilidade para responder às demandas de clientes e do mercado e ser executados muitas vezes dentro dos limites de mais empresas.

O que pretendemos destacar, com a análise do nível de complexidade dos processos e das suas características peculiares, é a **necessidade de utilizarmos ferramentas tecnológicas que possam suportar** as mais variadas atividades envolvidas na gestão por processos. De acordo com Smith e Fingar (2002, citados por Sousa Neto e Medeiros Junior, 2008), os processos de negócio estão cada vez mais automatizados, sendo executados por meio de ferramentas baseadas em TI (*softwares*). Assim, os processos passam a ter tanto uma natureza técnica, quanto uma de negócio, pois envolvem questões tecnológicas (TI) e regras de negócio (gestão), que serão embutidas nos processos.

Em relação à **natureza de negócio** dos processos, existe certa diversidade de tecnologias que suportam atividades estratégicas e operacionais, permitindo que, à medida que a empresa se relacione com outras organizações (clientes e fornecedores, podendo-se estabelecer processos colaborativos), a arquitetura SOA seja mais disseminada e diversificada (Sousa Neto; Medeiros Junior, 2008, p. 4).

No que diz respeito à **natureza técnica** dos processos, podemos notar que, em decorrência da maneira como grande parte dos sistemas de informação (baseados em computador) foi concebida, qualquer mudança no plano de gestão demandará certo tempo para que sejam feitas as devidas adaptações nesses sistemas, geralmente a um custo alto. Diante desse cenário, os BPMS foram projetados para facilitar o gerenciamento e o controle dos processos de negócio essenciais da empresa. Isso significa que, do ponto de vista técnico, é necessário haver maior orientação para os processos de negócio mais importantes da empresa e para o gerenciamento destes de maneira explícita (De Sordi, 2008; Sousa Neto; Medeiros Junior, 2008).

5.1
Maturidade dos processos de negócio

Vamos retomar aqui um ponto que tratamos muito brevemente no Capítulo 4: a maturidade dos processos de negócio. Harmon (2006, citado por Sousa Neto; Medeiros Junior, 2008) apresentou um **modelo de maturidade de processos de negócio** (*Business Process Maturity Model* – BPMM) composto de cinco níveis. Cada um desses níveis de maturidade representa um grupo de atividades e práticas de gestão desenvolvidas para se alcançar o nível em questão.

- **Nível 1** – Inexistência de um modelo de gestão por processos. As decisões tomadas não levam em consideração as interdependências entre as atividades nem há uma visão global dos processos da empresa.
- **Nível 2** – A empresa controla algumas áreas funcionais ou setores específicos. Diferentemente do nível anterior, neste já existem alguns processos mapeados e há certo controle, ainda que em nível local.
- **Nível 3** – São mapeados os principais processos da empresa. Esse nível expande a gestão do anterior para as inter-relações entre as áreas funcionais.
- **Nível 4** – Todos os processos estão mapeados e podem ser gerenciados. Isso significa que neste nível são inseridos indicadores e técnicas de controle de processo (por exemplo, ferramentas da área da qualidade conhecidas como CEP[1]).
- **Nível 5** – A empresa se utiliza de todos os benefícios advindos da gestão orientada para processos. A melhoria contínua dos processos é consolidada em todos os níveis da empresa.

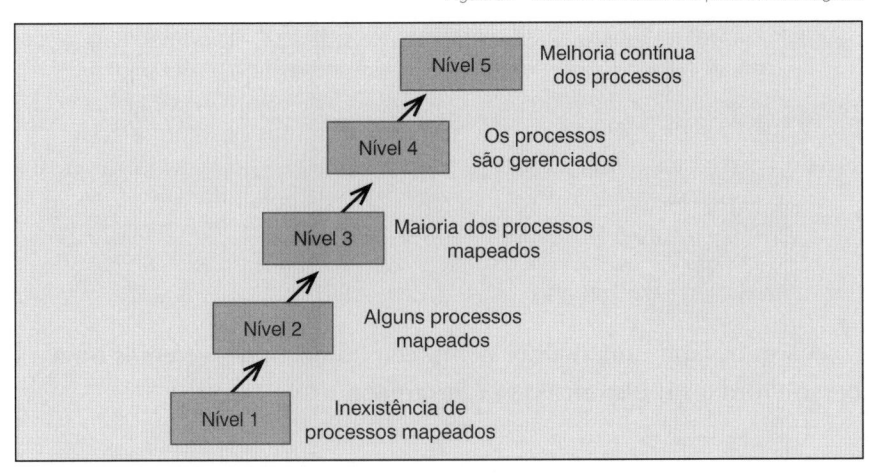

Figura 5.1 – Nível de maturidade dos processos de negócio

Nível 5	Melhoria contínua dos processos
Nível 4	Os processos são gerenciados
Nível 3	Maioria dos processos mapeados
Nível 2	Alguns processos mapeados
Nível 1	Inexistência de processos mapeados

Fonte: Harmon, 2006, citado por Sousa Neto; Medeiros Junior, 2008.

---

1 **CEP – Controle Estatístico de Processos**: dentre as ferramentas de controle estatístico, destacamos as cartas de controle, por armazenarem dados históricos de processo.

Com base no modelo proposto por Harmon, você conseguiria localizar o nível em que se encontra a empresa onde trabalha? O importante dessa discussão é a percepção de que qualquer empresa pode ser alocada em um dos cinco níveis no modelo apresentado. Antes de qualquer ação com o intuito de implantar a gestão por processos, é fundamental que façamos uma análise a respeito do nível em que a empresa se encontra, ou seja, quais foram os investimentos outrora feitos no sentido de gerenciar processos de negócio (mesmo que essa decisão ainda não tenha sido explicitada em primeiro plano). Com base nessa análise, podemos iniciar todo o trabalho de APE, que culminará com a adoção de sistemas baseados em TI para a automação dos processos de negócio.

É nessa adoção de sistemas que se inserem os BPMS. Esses sistemas se originam da junção entre as teorias de gestão (natureza de negócios) e a TI com base em computador (natureza técnica), com o objetivo de promover o gerenciamento do ciclo de vida dos processos, preservando os investimentos em *software* realizados pela empresa no passado. Segundo De Sordi (2008, p. 103),

> A solução BPM preserva os investimentos já realizados em softwares pelas diversas empresas envolvidas. São investimentos vultosos que foram realizados ao longo das últimas décadas e qualquer proposta de substituição de sistemas é inviável não apenas pela questão financeira, mas também pela inexequibilidade técnica em atender às questões temporais. A proposta BPM é a de integração e conexão dos sistemas de informação já existentes à camada de gestão por processos de negócios, seja para capturar dados do negócio, para averiguar seus status de operação, para obter dados de seu desempenho, como tempo ou *throughput*[2], ou mesmo para acioná-la ou mandar-lhe uma carga de trabalho. [grifo do original]

A seguir, para uma melhor compreensão do BPM, veremos uma breve abordagem histórica dessa ferramenta.

---

2 Quantidade de dados transferidos de um lugar a outro.

5.2

Histórico do *Business Process Management* (BPM)

O BPM aproveita os benefícios advindos de teorias, metodologias e ferramentas anteriormente disseminadas para gerenciar e aperfeiçoar processos de negócio (De Sordi, 2008, Sousa Neto; Medeiros Junior, 2008). Desde o Controle de Qualidade Total (CQT), fatores como a abordagem sistêmica das empresas (estudada no Capítulo 1), o envolvimento de todos os funcionários nos processos gerenciais e o produto com foco no cliente já apontavam para um modelo de gestão diferenciado da gestão funcional.

Outro ciclo importante foi o da reengenharia. Esse sistema tinha como proposta uma mudança radical de abordagem, dando ênfase aos processos abrangentes da organização. Isso, muitas vezes, acarretava grandes problemas de implantação, o que faz com que esse sistema seja, ainda hoje, duramente criticado. Contudo, o mérito inegável da reengenharia consistiu na percepção da necessidade de uma nova abordagem de gestão, ou seja, de que inovações no plano organizacional deveriam ocorrer. Os ciclos dos sistemas de processos podem ser visto na Figura 5.2.

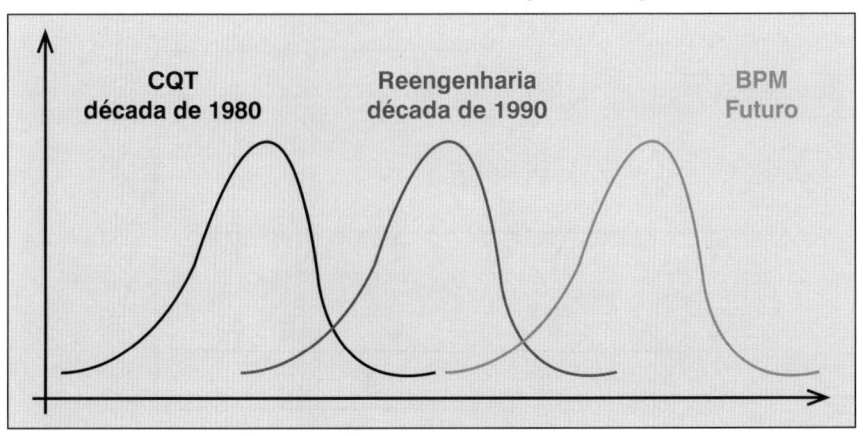

Figura 5.2 – Evolução das ferramentas de gestão

Fonte: Adaptado de Sousa Neto; Medeiros Junior, 2008.

De acordo com Sousa Neto e Medeiros Junior (2008, p. 10), "para dar respaldo tecnológico e justificar projetos de reengenharia, os sistemas integrados de gestão (ERPs) prometiam orientar as empresas para processos através do acesso a um sistema com múltiplos módulos orientados aos diversos setores da empresa".

Outra tecnologia importante é o *workflow* (visto no Capítulo 4), o qual permite que os processos sejam "desenhados" e executados de forma colaborativa.

Assim, com base na evolução na área de ferramentas de gestão, surgiram novos sistemas para dar suporte à área de TI, que, por sua vez, estão na base da criação das soluções de BPM.

5.3
Ciclo de vida dos processos

Identificar, mapear e definir um processo de negócio não garante a consecução de todos os benefícios da abordagem da gestão por processos. Para que isso ocorra, é necessário, antes, gerenciar todo o ciclo de vida de um processo a fim de assegurar a continuidade dos resultados esperados (De Sordi, 2008; Sousa Neto; Medeiros Junior, 2008).

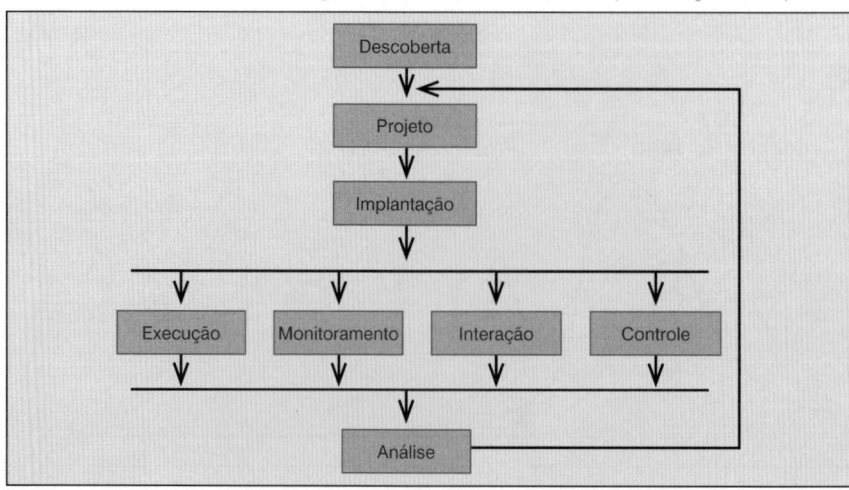

Figura 5.3 – Atividades do ciclo de vida dos processos gerenciadas pelo BPM

Fonte: Elaborado com base em Sousa Neto; Medeiros Junior, 2008.

A solução BPM está relacionada ao gerenciamento de oito atividades que são inerentes ao ciclo de vida de um processo (Sousa Neto; Medeiros Junior, 2008, p. 12-13). Essas atividades, que podem ser vistas na Figura 5.3, são descritas a seguir.

1. **Descoberta** – Tem como objetivo tornar explícitos os processos existentes.
2. **Projeto** – Tem como intuito modelar, manipular e reestruturar os processos explicitados na descoberta.
3. **Implantação** – Visa colocar no ambiente da empresa os processos que foram explicitados e reestruturados nas atividades anteriores.
4. **Execução** – Visa garantir a execução e o armazenamento apropriado dos processos, de modo que os usuários finais não visualizem esses detalhes técnicos.
5. **Interação** – Permite que o usuário visualize a interface de um processo (telas, inter-relacionamentos entre atividades de um processo etc.) e faça alterações quando for necessário.
6. **Monitoramento e controle** – Permitem que ocorram intervenções humanas ou tecnológicas para manter o processo em andamento.
7. **Análise** – Realiza avaliações para tornar os processos mais eficientes, eficazes e adaptáveis e para medir o desempenho deles.
8. **Otimização** – Possibilita a melhoria contínua dos processos. Pode ocorrer de maneira automatizada, por meio da detecção automática de gargalos ou inconsistências nos processos.

Podemos observar que essa sequência está relacionada ao ciclo PDCA (***Plan*** – planejar, ***Do*** – fazer, ***Check*** – verificar e ***Act*** – agir). Esse ciclo, em linhas gerais, começa pelo planejamento de um projeto e segue com a sua execução e a sua implantação. Nas duas etapas finais do ciclo, temos as atividades de monitoramento e de controle, além da análise dos resultados para orientar possíveis ações corretivas.

5.4

Tecnologias e ferramentas relacionadas aos BPMS

Tradicionalmente, em relação aos sistemas de informação ou aplicações existentes (ou a serem desenvolvidas), podemos observar interesses conflitantes entre as áreas de TI e de gestão de negócios. Uma das críticas feitas pelos gestores em relação à área de TI é o fato de que as aplicações e a linguagem desenvolvidas por ela são extremamente técnicas, o que faz com que qualquer mudança solicitada pelo gestor requeira que um analista de TI ou um desenvolvedor intervenha no processo. Isso faz com que se leve muito tempo para gerenciar, armazenar e recuperar os dados (Sousa Neto; Medeiros Junior, 2008).

De acordo com os autores, as tecnologias e as metodologias envolvidas com os BPMS surgiram principalmente para que as mudanças da estrutura de TI para atender às necessidades da empresa se tornassem mais pragmáticas, flexíveis, rápidas e confiáveis. Essas tecnologias são fornecidas por diversas empresas, seja de maneira independente (voltadas apenas aos processos), sejam incorporadas a tecnologias já existentes, como o *Enterprise Resource Planning* (ERP) e o *Customer Relationship Management* (CRM).

Para entender melhor o processo de BPMS, vejamos o exemplo de uma compra *on-line* em um *site* de uma livraria, ilustrada na Figura 5.4.

Figura 5.4 – Compra de produtos em uma livraria *on-line*

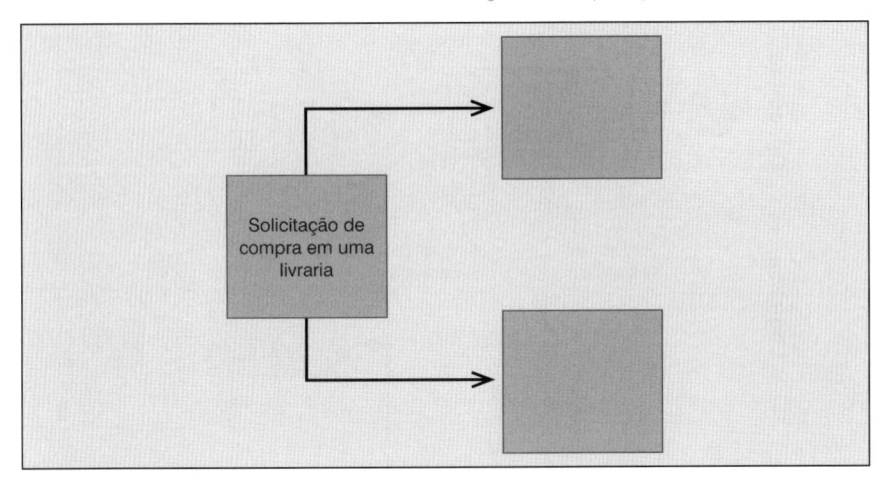

[Figura: diagrama com caixa "Solicitação de compra em uma livraria" com setas apontando para dois blocos]

Fonte: Elaborado com base em Sousa Neto; Medeiros Junior, 2008.

O processo de venda *on-line* pode ser dividido da seguinte maneira: primeiramente, ele se inicia com o fornecimento dos dados da compra no momento em que o cliente realiza a transação por meio do uso de cartão de crédito. Em seguida, a empresa responsável por fornecer o cartão fará a análise de crédito do cliente para liberar, ou não, a compra. Autorizada a compra, o processo na livraria verifica a disponibilidade do livro no estoque (que provavelmente é controlado por uma empresa terceirizada – editora ou distribuidora), bem como o prazo de entrega do pedido (cujo serviço será realizado por outra empresa – no caso, uma transportadora). O processo de aprovação da venda é realizado depois de a análise de crédito ser efetuada por meio da notação BPMN[3], conforme a Figura 5.5.

---

3 ***Business Process Modeling Notation***: padrão de comunicação para os desenvolvedores de sistemas e gestores de processos que operam os BPMS.

Figura 5.5 – Processo de vendas *on-line*

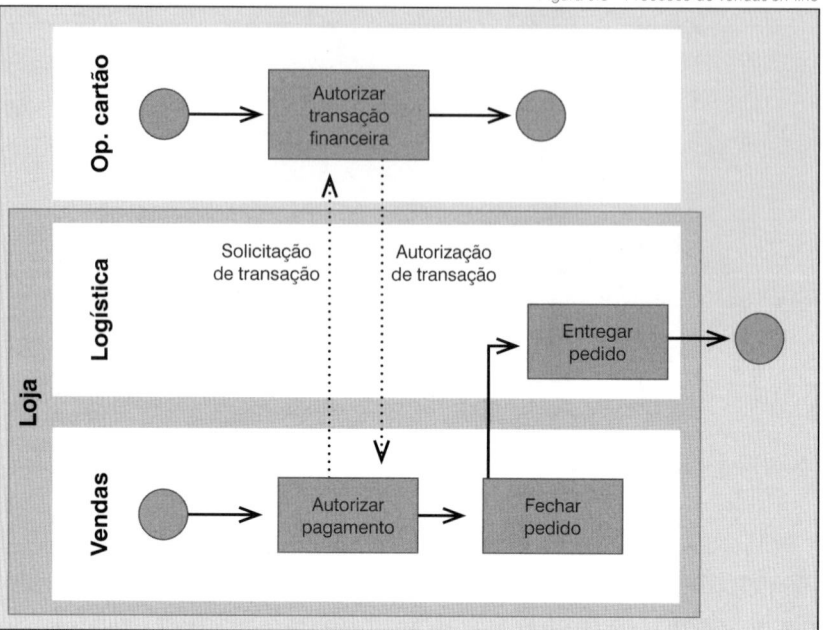

Fonte: Sousa Neto; Medeiros Junior, 2008.

De acordo com Sousa Neto e Medeiros Junior (2008), um problema relacionado a esse tipo de processo é o envolvimento de tecnologias diversas, que estão distribuídas em empresas distintas. No exemplo da livraria, contabilizamos o envolvimento de quatro empresas. As tecnologias utilizadas, além de serem distintas, são desenvolvidas levando-se em consideração os parâmetros técnicos próprios de cada empresa.

Assim, para lidar com esse tipo de situação, criou-se a chamada *arquitetura orientada para serviços* (SOA – do inglês *Service Oriented Architecture*), abordagem que possibilita a construção independente de serviços, que podem ser combinados em um contexto de negócios (Figura 5.6).

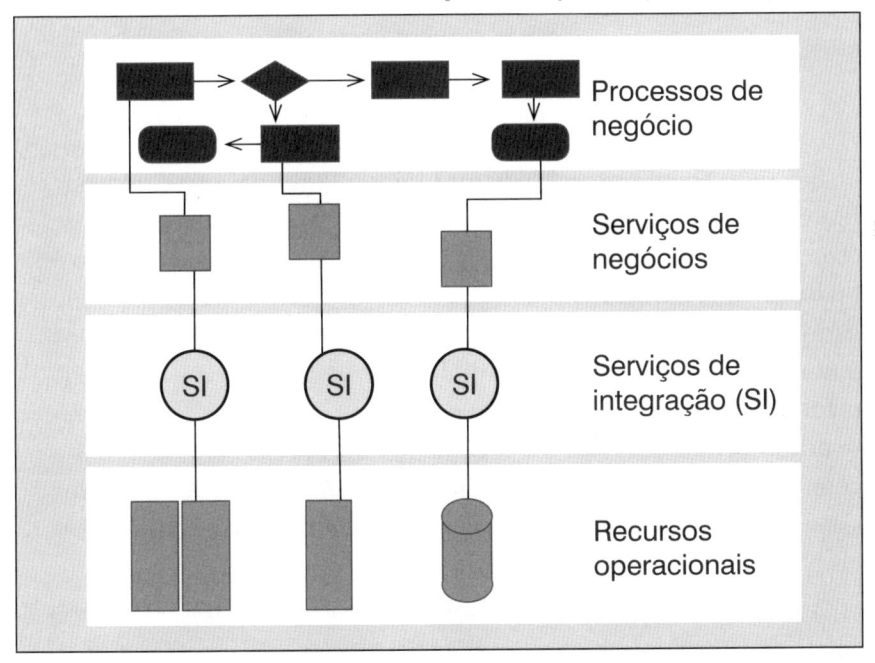

Figura 5.6 – Interação entre os processos e a arquitetura SOA

Fonte: Elaborado com base em Rosen, citado por Sousa Neto; Medeiros Junior, 2008.

Assim, a SOA reúne os seguintes processos, em conformidade com uma abordagem flexível e adaptável de gestão (Sousa Neto; Medeiros Junior, 2008):

- **Processos de negócio** – Compreendem a área de negócios da empresa. Essa camada não se preocupa com detalhes técnicos das camadas inferiores, pois está focada no gerenciamento dos processos sob a perspectiva empresarial.
- **Serviços de negócios e de integração** – São as camadas que exibem a lógica da SOA. Têm como responsabilidade "traduzir" a camada de processos para as camadas inferiores, relacionadas à arquitetura tecnológica. O **serviço de negócios** agrega os processos em serviços específicos, como o da verificação do estoque. Já o de **integração** detalha em nível operacional os serviços da camada superior, comunicando-se com os sistemas e tecnologias da camada inferior.

- **Recursos operacionais** – São responsáveis por disponibilizar os recursos necessários a serem entregues às camadas superiores. É nessa camada que se localiza a infraestrutura de tecnologia das empresas, como servidores e bancos de dados.

Segundo Sousa Neto e Medeiros Junior (2008), a SOA permite que seja criada e mantida uma arquitetura de TI flexível para seu uso de acordo com a necessidade da empresa. Ou seja, o principal objetivo é **facilitar o gerenciamento dos ativos de TI** (notadamente bancos de dados e *softwares*), favorecendo a reutilização e a integração de ativos sem que haja necessidade de se excluir o que já existia (ou os investimentos prévios realizados pela empresa em sistemas de TI). É como se utilizássemos peças de um jogo de montar: peças bem definidas e com funcionalidades claras. A organização e/ou a reorganização dos sistemas de TI ficam a critério da empresa sempre que reformulações no plano dos processos de negócio forem requisitadas.

Assim, o BPM pode utilizar essa arquitetura para acessar informações e realizar tarefas sem que sejam criados novos sistemas. A SOA possibilita a adaptabilidade dos sistemas de gestão baseados em TI para que estes possam acompanhar a dinâmica dos mercados e dos processos de negócio em si. Os processos são conjuntos de atividades, que, muitas vezes, requerem informações de sistemas já existentes. Caso os sistemas envolvidos tenham sido estruturados de acordo com a SOA, os processos podem ser acessados assim que seja necessário.

Questões para reflexão

Neste capítulo, falamos sobre os BPMS, as tecnologias e as ferramentas relacionadas a esses sistemas e apresentamos o conceito de SOA, que pode ser utilizada pelos BPMS. Quais são os principais benefícios desses sistemas em sua opinião? E quais seriam os benefícios para a empresa em que você atua?

6

Principais componentes dos *Business Process Management Systems* (BPMS) e a gestão do conhecimento aplicada à gestão de processos

Vamos nos situar em relação ao conteúdo já estudado: no capítulo anterior, vimos que a adoção dos sistemas de gestão de processos de negócio (BPMS) está na sequência do trabalho de mapeamento de processos. Implantar um BPMS significa automatizar processos de negócio. Aprendemos, também, que o desenvolvimento dos BPMS deriva da tecnologia *workflow* (Capítulo 4).

A utilização dos BPMS se faz necessária, pois, uma vez identificados e mapeados (Capítulos 2 e 3), os processos de negócio podem apresentar um elevado nível de complexidade para a gestão. Diante das características dos processos, é preciso utilizar ferramentas tecnológicas que deem suporte às mais variadas atividades envolvidas no seu gerenciamento. Ou seja, a automação de um processo, no seu todo ou em parte, visa garantir o correto roteamento de documentos, informações e tarefas entre os participantes desse processo, dando suporte à gestão.

Vimos no Capítulo 5 que a adoção dos BPMS não significa descartar todo o investimento prévio realizado pela empresa em sistemas de gestão. Do contrário, os BPMS estariam fadados ao fracasso. Um arranjo específico dos serviços de tecnologia da informação (TI), a arquitetura orientada para serviços (SOA), facilita o gerenciamento dos ativos de TI (bancos de dados e *softwares*), favorecendo a reutilização e a integração destes, sem a necessidade de excluir os investimentos prévios feitos pela empresa em sistemas de gestão baseados em computador[1].

Os BPMS podem utilizar a SOA para acessar informações e realizar tarefas sem que sejam criados novos sistemas. A SOA permite a adaptabilidade dos sistemas de gestão baseados em TI para que possam acompanhar a dinâmica dos mercados e dos processos de negócio em si. Sabemos que os processos são compostos por atividades, que, muitas vezes, requerem informações de sistemas já existentes na empresa. Caso os sistemas envolvidos tenham sido estruturados de acordo com a SOA, os processos podem ser acessados sempre que necessário.

Neste capítulo, continuaremos a tratar do tema **Business Process Management Systems (BPMS)**, agora pontuando as funcionalidades requeridas das soluções *Business Process Management* (BPM) e os recursos para o gerenciamento, o planejamento e o projeto de processos presentes nos BPMS. Abordaremos também as questões de cultura e clima organizacional para o desenvolvimento das soluções BPM nas organizações. Por fim, discutiremos a gestão do conhecimento aplicada à gestão por processos.

6.1

Funcionalidades requeridas para soluções *Business Process Management* (BPM)

Segundo De Sordi (2008), a lista das funcionalidades requeridas para soluções BPM foi obtida com base em pesquisas realizadas com empresas que estão avaliando e selecionando as soluções BPM e também com organizações de consultoria e *software* que oferecem tais soluções. A lista que veremos a seguir está dividida em três subseções:

---

[1] A esse respeito, indicamos a leitura de dois artigos: "Afinal, o que é *Business Process Management* (BPM)? Um novo conceito para um novo contexto" (Sousa Neto; Medeiros Junior, 2008) e "Benefícios da arquitetura de *software* orientada a serviços para as empresas: análise da experiência do ABN Amro Brasil" (De Sordi; Marinho; Nagy, 2006).

recursos para a otimização e a flexibilização da operação do processo, recursos para o gerenciamento da operação de processos e recursos para o planejamento e o projeto do processo.

Recursos para a otimização e a flexibilização da operação do processo

Os recursos para a otimização e a flexibilização da operação do processo podem ser divididos em sete categorias, descritas a seguir:

1. **Flexibilidade para a alteração de *softwares* conectados para a execução de atividades** – Trata-se da facilidade para alterar ou substituir um ou mais *softwares* utilizados na execução de determinada atividade do fluxo de processos. De Sordi (2008) cita o exemplo da área de atendimento a clientes, que necessita ser informada sobre a localização geográfica do produto a ser entregue. Para isso, o sistema de acompanhamento de pedidos precisa ter acesso ao sistema de posicionamento de cargas da empresa fornecedora do serviço de transporte. Se esse prestador de serviço for substituído por outro, a camada de *software* deve ser ágil e flexível para desconectar o *software* da primeira transportadora, substituindo-o pelo sistema do novo prestador de serviço.
2. **Monitoramento das ocorrências de problemas nos ambientes computacionais** – Refere-se à capacidade de prever situações críticas e procedimentos para a recuperação e a continuidade do processo. Durante a execução de um processo de negócios, diversos *softwares* podem ser acionados, podendo também operar em distintos ambientes dentro e fora da empresa. Portanto, uma das funcionalidades requeridas pelos BPMS é o acompanhamento do *status* dos *softwares* acionados, prevendo-se situações críticas para que a lentidão ou a interrupção de um *software* específico não prejudique o processo como um todo.
3. **Interação humana na operação do processo** – São facilidades técnicas para a definição de pontos de interação, como atividades que requerem análise e aprovação. De acordo com De Sordi (2008), essas facilidades contemplam editoração de

textos, testes, prototipagem, entre outras, permitindo a interação direta do usuário com o ambiente de gerenciamento de processos.
4. **Flexibilidade para a alteração do fluxo de atividades conforme o contexto** – Segundo De Sordi (2008), o ambiente de gestão por processos deve ser flexível o suficiente para acomodar e documentar a alteração do fluxo de atividades, desobrigando, por exemplo, a passagem por determinados passos preestabelecidos anteriormente que não condizem mais com a realidade do processo em questão.
5. **Manuais e instruções *on-line* que empregam os diagramas operacionais do processo** – Diagramas podem ser "montados" em tempo real por meio da solicitação do usuário. Esses documentos *on-line* podem substituir os tradicionais manuais de operação do usuário, *menus* de ajuda e manuais de treinamento.
6. **Gerenciamento de versões operacionais de processos** – Os processos de negócio estão em constante alteração e evolução. Gerenciar o histórico de versões auxilia no momento de resgatarmos todas as versões existentes de determinado sistema da empresa. Essas versões podem ser empregadas e gerenciadas por meio dos BPMS.
7. **Assinalamento de casos reais (instâncias do processo) para análise posterior** – Permite aos envolvidos na execução do processo indicar melhorias em potencial (facilidade para a exposição e a colaboração espontânea das pessoas envolvidas na operação e no gerenciamento de processos).

É possível perceber que as soluções BPM permitem otimizar os recursos já existentes na empresa – sejam eles humanos, sejam informacionais – e já empregados no gerenciamento dos processos.

Recursos para o gerenciamento da operação de processos

Os recursos para o gerenciamento da operação de processos podem ser divididos em oito categorias, conforme apresentamos na sequência.

1. **Identificação de gargalos** – Refere-se à identificação de atividades que estejam reduzindo a capacidade produtiva dos processos (aplicar regras e ações corretivas).
2. **Sugestão de potenciais pontos de melhoria** – Trata-se da análise das atividades que apresentaram maior desvio em relação ao padrão médio e da sugestão de potenciais causas e medidas para a aceleração do processo.
3. **Apontamento do caminho crítico e demais dados da operação em tempo real** – O uso de indicadores de desempenho da operação do processo, como metas estabelecidas e estatísticas em geral, permite a comparação desses números, verificando-se graficamente o resultado de alterações no processo.
4. **Análise dos recursos alocados no processo (projetados, em uso, instalados e ociosos)** – Sejam esses recursos humanos, sejam materiais, eles devem ser considerados como *input* (entrada) pelos algoritmos de simulação do processo.
5. **Identificação de recursos necessários** – Classificam-se famílias de recursos necessários, que podem ser alocados pelos seus atributos, como custo e unidade de medida. Nesse caso entram os recursos humanos e os computacionais, as máquinas e as ferramentas.
6. **Apuração de custos** – As apurações de custo (planejado, atual ou em execução) são aplicadas nas diversas versões de um processo.
7. **Atribuição de metas** – Atribuição dos valores a serem alcançados pela operação.
8. **Painel de controle** – Facilita o gerenciamento; significa dispor das facilidades de um ambiente virtual que permita aos gestores do processo interagirem, acompanharem e analisarem o desempenho atual.

Esses recursos agilizam sobremaneira o gerenciamento da operação de processos, pois é possível perceber como esses sistemas facilitam a análise dos processos, prestando auxílio à tomada de decisão.

Recursos para o planejamento e o projeto do processo

São divididos em dois grupos:

1. **Simulações** – Permitem a realização de simulações dinâmicas de processos, para que ajustes sejam feitos até que se obtenha o resultado desejado.
2. **Histórico evolutivo do processo** – Armazena as diferentes versões operacionais do processo (indicadores de desempenho).

Com base nesses recursos, é possível não somente simular melhorias em processos empresariais, como também comparar as diferentes possibilidades.

6.2

Gestão do conhecimento aplicada à gestão por processos

Para tratarmos do último tópico deste capítulo, precisamos aprofundar a discussão sobre o conhecimento, que, em si, é um tema complexo, que vem desafiando a humanidade desde tempos remotos. A partir da Idade Moderna, o debate acerca desse tema se ampliou com a emergência do conhecimento científico e a intensificação do desenvolvimento tecnológico. A crescente aplicação do conhecimento científico à realidade humana levou à Revolução Industrial inglesa e ao surgimento das grandes empresas modernas que se espalharam pelo mundo durante o século XX.

Nos últimos anos, o conhecimento tem sido visto como o principal recurso competitivo das empresas. Nesse contexto, a questão da construção do conhecimento tem atraído forte atenção no âmbito dos estudos organizacionais. De acordo com Nonaka e Takeuchi (1997), o conhecimento é construído com base nos processos de interação social, quando o ser humano, por exemplo, se depara, em suas atividades cotidianas, com problemas que precisam ser superados. A partir do momento em que o ser humano supera tais desafios, ele transforma a realidade, o que configura um processo de aprendizagem e consequente construção de conhecimento.

As dinâmicas organizacional e concorrencial podem ser vistas como fontes de problemas de produção que mobilizam a atividade de inovação, ou seja, é possível entender a construção do conhecimento como um processo, um ciclo permanente que se autoalimenta e se mantém de forma contínua. Para Nonaka e Takeuchi (1997), a criação do conhecimento é tratada de forma cíclica e qualitativamente cumulativa: é o chamado *conhecimento em espiral*. Com base na definição de conhecimento tácito e explícito, os autores desenvolvem um ciclo espiral em que as trocas de conhecimento se transformam conforme esses dois tipos de conhecimento.

Segundo Nonaka e Takeuchi (1997), o **conhecimento explícito** pode ser transmitido por meio da linguagem codificada e armazenado em manuais técnicos e memorandos, para ser transmitido aos demais. Já o **conhecimento tácito** é pessoal e está relacionado ao contexto, às experiências que cada indivíduo acumula ao longo do tempo, sendo difícil de ser codificado. Conclusões, *insights* e palpites subjetivos incluem-se nessa categoria. Além disso, esse tipo de conhecimento está profundamente enraizado nas emoções, nos valores ou nos ideais de cada indivíduo. Para que esse conhecimento possa ser transmitido, são necessárias a comunicação e as observações diretas.

Ainda de acordo com os autores, as organizações não só processam informações – de fora para dentro, com o intuito de resolver os problemas existentes e se adaptar ao ambiente em transformação –, mas também criam novos conhecimentos e novas informações – de dentro para fora, a fim de redefinir tanto os problemas quanto as soluções e, nesse processo, recriar seu meio. Como afirmam Nonaka e

Takeuchi (1997, p. 62), "O segredo para a criação do conhecimento está na mobilização e conversão do conhecimento tácito" (Figura 6.1).

Figura 6.1 – Espiral do conhecimento

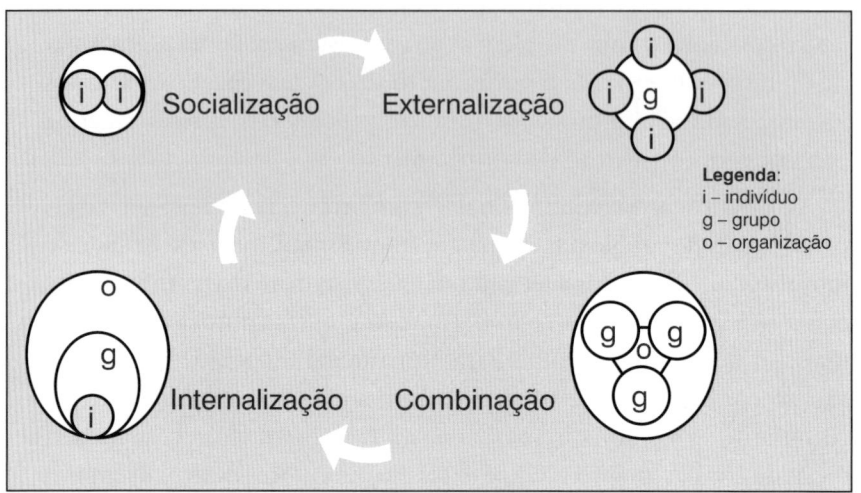

Legenda:
i – indivíduo
g – grupo
o – organização

Fonte: Elaborado com base em De Sordi, 2008: Nonaka; Takeuchi, 1997.

De acordo com Nonaka e Takeuchi (1997), o conhecimento é criado por meio da interação entre os conhecimentos tácito e explícito, sendo quatro os modos de conversão do conhecimento: socialização, externalização, combinação e internalização.

1. **Socialização** – É a conversão de conhecimento tácito em outro conhecimento tácito. Somente as interações e a comunicação direta entre as pessoas possibilitam que suas experiências sejam observadas, discutidas e trocadas.
2. **Externalização** – Trata-se da conversão de conhecimento tácito em conhecimento explícito. Este é expresso em forma de metáforas, analogias, conceitos, hipóteses ou modelos. A externalização é a chave para a criação do conhecimento, pois produz conceitos novos e explícitos por meio do conhecimento tácito.
3. **Combinação** – Refere-se à conversão de conhecimento explícito em outro conhecimento explícito. É um processo de sistematização de conceitos em um sistema de conhecimento. Esse modo de conversão do conhecimento requer a combinação de conjuntos diferentes de conhecimento explícito (por exemplo,

a leitura de manuais, normas técnicas, livros teóricos, em que as pessoas buscam aprofundar seus conhecimentos para a solução de determinado problema).

4. **Internalização** – A internalização é o processo de incorporação de conhecimentos explícitos em conhecimentos tácitos. Está intimamente relacionada àquilo chamado de *aprender fazendo*. Quando são internalizadas nas bases do conhecimento tácito dos indivíduos, sob a forma de modelos mentais ou *know-how* técnico compartilhado, as experiências por meio de socialização, externalização e combinação se tornam recursos valiosos.

Por fim, para viabilizar a criação do conhecimento e o processo de aprendizagem, o conhecimento tácito acumulado precisa ser socializado com os outros membros da organização, iniciando-se, assim, uma nova espiral de criação do conhecimento (Nonaka; Takeuchi, 1997).

Questões para reflexão

Cite exemplos de processos de negócio que podem ser analisados sob a perspectiva da gestão do conhecimento aplicada a processos. A empresa em que você atua possui algum tipo de banco de dados ou registro das lições aprendidas no dia a dia da organização? Caso sim, explique como funciona esse sistema de registro.

Você já teve contato com algum BPMS? Em caso afirmativo, como esse sistema está sendo operado e quais foram as vantagens percebidas e os resultados obtidos até aqui?

Indicações culturais

Apresentamos, a seguir, algumas dicas de filmes (alguns antigos, porém muito interessantes) que versam sobre o ambiente organizacional, destacando processos específicos e discutindo questões atuais.

A IDENTIDADE Bourne. Direção: Doug Liman. EUA: Universal, 2002. 119 min.

A SUPREMACIA Bourne. Direção: Paul Greengrass. EUA: Universal, 2004. 108 min.

O ULTIMATO Bourne. Direção: Paul Greengrass. EUA: Universal, 2007. 115 min.

Recomendamos essa trilogia sobre o personagem Jason Bourne. São filmes de ação, que capturam a nossa atenção pela intrigante história de um homem tentando conhecer a sua origem. Também é bastante interessante todo o aparato tecnológico mostrado no filme.

BAGDAD Café. Direção: Percy Adlon. Alemanha; EUA: Spectra Nova, 1987. 91 min.

O filme *Bagdad Café*, do diretor alemão Percy Adlon, não é uma história sobre empresas, mas podemos fazer uma analogia entre o impacto da chegada de Jasmin – que, após brigar com o marido e abandoná-lo na estrada, chega até o posto-motel Bagdad Café, no deserto do Arizona – e o impacto da implementação de uma nova abordagem organizacional (o que nos permite analisar a gestão por processos).

FÁBRICA de loucuras. Direção: Ron Howard. EUA: Paramount Pictures, 1986. 108 min.

Essa comédia trata do choque cultural provocado por uma equipe de gestão vinda do Japão ao assumir o controle de uma montadora estadunidense. As dificuldades na implantação da cultura de qualidade e produtividade, de um novo sistema organizacional e até mesmo da ginástica laboral, entre outros aspectos, são temas pertinentes até hoje.

NA RODA da fortuna. Direção: Joel Coen e Ethan Coen. Alemanha; EUA; Inglaterra: Warner Bros; PolyGram, 1994. 111 min.

Outra dica de filme é a divertida comédia *Na roda da fortuna*, dos irmãos Coen. O filme mostra o processo de criação de um produto em uma empresa às voltas com a sucessão do seu presidente, que cometeu suicídio.

TEMPOS modernos. Direção: Charles Chaplin. EUA: Continental, 1936. 87 min.

Por fim, indicamos o filme *Tempos modernos*, de Charles Chaplin. A obra faz uma crítica ácida e divertida à administração científica, tema que discutimos no início desta parte do livro.

Bibliografia comentada

DE SORDI, J. O. **Gestão por processos**: uma abordagem da moderna administração. 2. ed. São Paulo: Saraiva, 2008.

Esse livro traz um arcabouço teórico e prático que aborda o desafio da implementação da gestão por processos nas empresas. Trata-se de uma obra completa, com temas que vão da Teoria Geral de Sistemas aos BPMS.

NONAKA, I.; TAKEUCHI, H. **Criação de conhecimento na empresa**: como as empresas japonesas geram a dinâmica da inovação. Rio de Janeiro: Campus, 1997.

Trata-se de um livro bastante conhecido, que aborda um tema relevante. Recomendamos a leitura por conta de sua proposta de reflexão, lançada a gestores e demais colaboradores organizacionais, sobre a geração de conhecimento no âmbito da empresa.

Síntese

Nesta primeira parte, vimos que a abordagem por processos está fundamentada na Teoria Geral dos Sistemas, principalmente no conceito de **interdependência** entre as partes e o todo (no caso das empresas, as áreas funcionais e as diferentes atividades, inseridas no macroambiente de negócios). O conceito de interdependência estabelece, entre outros aspectos, a importância de identificarmos os fluxos de trabalho e de informação que perpassam a organização.

No contexto dessa nova abordagem, estudamos algumas de suas características mais peculiares, bem como os princípios fundamentais da gestão por processos. Para tanto, examinamos alguns sistemas de gestão bastante difundidos atualmente, oriundos das áreas de inovação, qualidade e produção, além de exemplos de sistemas de informação corporativos que trazem em sua concepção a abordagem por processos.

Em seguida, no segundo capítulo, apresentamos um guia para a estruturação de processos de negócio, destacando os principais elementos para a sua operacionalização. No que tange à estruturação dos processos, vimos que a participação de todos os funcionários da empresa é fundamental na seleção dos processos críticos da organização, na composição das equipes de Aperfeiçoamento de Processos Empresariais (APE), na coleta de dados sobre todas as atividades executadas e na seleção dos líderes de APE.

Completando a operacionalização da abordagem de processos, estudamos, no terceiro capítulo, a importante tarefa de visualização dos processos por meio do mapeamento, destacando os principais elementos em fluxogramas, por meio da simbologia vigente na área.

Vimos, também, que toda a atividade de estruturação e mapeamento dos processos visa ao aperfeiçoamento dos processos empresariais e que isso não seria possível sem a elaboração de um conjunto de indicadores de desempenho para a medição e o controle dos processos de negócio. Assim, analisamos os indicadores de tempo, custos, qualidade e valor agregado dos processos de negócio das empresas.

Dando prosseguimento ao nosso estudo, no quarto capítulo aprofundamos os conhecimentos sobre a tecnologia *workflow*. Vimos que essa tecnologia abre caminho para o desenvolvimento das soluções BPM (*Business Process Management*). Ao adotarmos esse tipo de solução, estamos automatizando os processos de negócio que foram identificados, mapeados e aperfeiçoados.

No quinto capítulo, estudamos os *Business Process Management Systems* (BPMS), pontuando a importância desse tipo de sistema na gestão do ciclo de vida dos processos. Abordamos o histórico dessa solução e aprendemos a classificar os processos de negócio com base em sua complexidade. Em seguida, apresentamos as tecnologias e as ferramentas relacionadas aos BPMS. Para tanto, utilizamos os exemplos de operações empresariais que requerem a integração de sistemas de informação entre empresas distintas. Nesse ponto, inserimos o conceito de arquitetura orientada para serviços (SOA), que possibilita a implantação das soluções BPM nos sistemas disponíveis e em uso nas empresas, otimizando seus investimentos em tecnologia da informação (TI).

Por fim, no sexto e último capítulo desta primeira parte, pontuamos as funcionalidades requeridas pelas soluções BPM, os recursos para o gerenciamento da operação de processos e para o planejamento e projeto dos processos, presentes nos BPMS. Abordamos também as questões de cultura e clima organizacional para o desenvolvimento das soluções BPM nas organizações. Por último, discutimos a gestão do conhecimento aplicada à gestão por processos.

Referências

ABNT – Associação Brasileira de Normas Técnicas. **NBR ISO 9001:2008:** sistemas de gestão da qualidade: requisitos. Rio de Janeiro, 2008.

ANSI – American National Standards Institute. Disponível em: <http://www.ansi.org>. Acesso em: 14 jan. 2013.

CLARK, K.; FUJIMOTO, T. **Product Development Performance**: Strategy, Organization and Management in the World Auto Industry. Boston: Harvard Business School Press, 1991.

CUNHA, G. D. da. A evolução dos modos de gestão do desenvolvimento de produtos. **Revista Produto & Produção**, Porto Alegre, v. 9, n. 2, p. 71-90, jun. 2008.

DE SORDI, J. O. **Gestão por processos**: uma abordagem da moderna administração. 2. ed. São Paulo: Saraiva, 2008.

DE SORDI, J. O.; MARINHO, B. de. L.; NAGY, M. Benefícios da arquitetura de software orientada a serviços para as empresas: análise da experiência do ABN Amro Bank. **Revista de Gestão da Tecnologia e Sistemas de Informação**, v. 3, n. 1, p. 19-34, 2006. Disponível em: <http://www.revista-susp.sibi.usp.br/pdf/jistem/v3n1/03.pdf>. Acesso em: 9 nov. 2012.

FERREIRA, L. **Uma solução para o gerenciamento inteligente de processos hospitalares utilizando a tecnologia de workflow**. Dissertação (Mestrado em Ciência da Computação) – Universidade Federal de Santa Catarina, Florianópolis, 2006. Disponível em: <http://repositorio.ufsc.br/xmlui/bitstream/handle/123456789/15375/231356.pdf?sequence=1>. Acesso em: 17 set. 2012.

HAMMER, M.; CHAMPY, J. **Reengenharia**: revolucionando a empresa em função dos clientes, da concorrência e das grandes mudanças da gerência. Rio de Janeiro: Campus, 1997.

HARRINGTON, H. J. **Aperfeiçoando processos empresariais**. São Paulo: Makron Books, 1993.

ISHIKAWA, K. **Controle de qualidade total**: à maneira japonesa. Rio de Janeiro: Campus, 1993.

MADISON, D. **Process Mapping, Process Improvement and Process Management**: a Practical Guide to Enhancing Work and Information Workflow. California: Paton Press LCC, 2005.

MONTEIRO, J. M. **Da organização vertical para a organização horizontal**. Dissertação (Mestrado em Gestão de Negócios) – Universidade Católica de Santos, Santos, 2005.

MOTTA, F. C. P.; VASCONCELOS, I. F. G. **Teoria geral da administração**. 3. ed. São Paulo: Thomson Learning, 2006.

MÜLLER, C. J. **Modelo de gestão integrando planejamento estratégico,** sistemas de avaliação de desempenho e gerenciamento de processos (MEIO – Modelo de Estratégia, Indicadores e Operações). Tese (Doutorado em Engenharia) – Universidade Federal do Rio Grande do Sul, Porto Alegre, 2003. Disponível em: <http://www.lume.ufrgs.br/bitstream/handle/10183/3463/000401207.pdf?sequence=1>. Acesso em: 14 set. 2012.

NONAKA, I.; TAKEUCHI, H. **Criação de conhecimento na empresa**: como as empresas japonesas geram a dinâmica da inovação. Rio de Janeiro, Campus, 1997.

PARANHOS FILHO, M. **Gestão da produção industrial**. Curitiba: Ibpex, 2007.

RUMMLER, G. A.; BRACHE, A. P. **Melhores desempenhos das empresas**. São Paulo: Makron Books, 1994.

SOUSA NETO, M. V.; MEDEIROS JUNIOR, J. V. Afinal o que é Business Process Management (BPM)? Um novo conceito para um novo contexto. **Revista Eletrônica de Sistemas de Informação**, v. 7, n. 2, 2008. Disponível em: <http://revistas.facecla.com.br/index.php/reinfo/article/view/53/115>. Acesso em: 18 set. 2012.

Segunda parte

Tecnologia da informação (TI)

Paula Renata Ferreira
Antonio Siemsen Munhoz

Sobre os autores

Paula Renata Ferreira é graduada em Processamento de Dados (2002) pela Universidade Norte do Paraná (Unopar) e mestre em Ciência da Computação (2005) pela Universidade Federal de Santa Catarina (UFSC). Foi professora de Tecnologia de Informação no Centro Universitário Uninter, no curso de pós-graduação em Administração. Além disso, trabalhou alguns anos como analista de sistemas e atuou, durante dois anos, como coordenadora de cursos na modalidade de educação a distância (EaD) da Unopar. Atualmente, trabalha como gerente de projetos no Grupo Educacional Uninter.

Antonio Siemsen Munhoz é graduado em Engenharia Civil (1978) pela Universidade Federal do Paraná (UFPR) e especialista em Metodologia do Ensino Superior (1999), pelas Faculdades Integradas Espírita (Fies), em Tecnologia Educacional (1999), pela Sociedade Paranaense de Ensino e Informática (Spei), em Educação a Distância (2000), pela UFPR, e em Metodologia da Pesquisa Científica (1999), pelo Instituto Brasileiro de Pós-Graduação e Extensão (Ibpex). Também é mestre e doutor em Engenharia da Produção (2001) pela Universidade Federal de Santa Catarina (UFSC), com ênfase em Educação a Distância. Na área corporativa, foi programador, analista de sistemas e CIO – *Chief Information Officer*. Na vida acadêmica, foi docente de diversas disciplinas na área de tecnologia da informação, em cursos de graduação e pós-graduação oferecidos pelo Centro Universitário Uninter. É articulista em revistas e congressos, além de escritor de livros para a Editora Ibpex e outras editoras, todos na área de tecnologia educacional relacionada à educação a distância.

Introdução

Esta segunda parte do livro tem por objetivo fornecer a você uma visão integradora da utilização da tecnologia da informação (TI) nos processos operacionais das empresas modernas. Primeiramente, ofereceremos uma visão abrangente da aplicação da TI nos negócios das organizações e, em seguida, mostraremos o seu uso como um importante diferencial competitivo organizacional. Esse conceito advém do uso da inteligência competitiva para captar informações e armazená-las em grandes bases de dados, para depois serem acessados de diversas formas, por meio do uso de linguagens de pesquisa altamente sofisticadas e potentes.

O suporte de sistemas de informação voltados ao planejamento dos recursos da empresa, o trabalho com a gestão do relacionamento com o cliente e outros sistemas definem a importância da aplicação da TI. Com base nisso, oferecemos uma visão da importância de um relacionamento diferenciado e mais próximo entre os componentes dos departamentos de TI e os demais usuários de todos os departamentos que utilizam serviços de TI.

Em seguida, abordaremos a tendência de migração das empresas físicas para os ambientes virtuais, processo que exige o conhecimento de atividades desenvolvidas no ambiente virtual de aprendizagem (AVA). Para entendermos esse enfoque, é imprescindível conhecermos o modelo *e-learning* para a formação permanente e continuada, além do *e-commerce*, visto como um novo caminho de comercialização que liga a empresa com todos os seus colaboradores. Por fim, analisaremos as novas tendências da computação móvel, que conecta o profissional de forma integral com o mundo que o cerca.

Ao encerrar este estudo, você estará capacitado para desenvolver trabalhos em equipes multidisciplinares – característica fundamental de qualquer equipe montada para o desenvolvimento de aplicativos da TI na sociedade contemporânea. É exigência da qual a empresa moderna não pode prescindir.

1

A tecnologia da informação (TI) nos negócios

O conteúdo deste capítulo apresenta como a tecnologia da informação (TI) é aplicada aos negócios da organização e como ela pode se tornar um importante diferencial competitivo em um mercado em constante evolução, que exige atitudes empreendedoras e inovadoras.

1.1

A aplicação da tecnologia da informação (TI) aos negócios

No início de sua utilização, a TI era reservada às empresas de grande porte, em virtude do elevado custo de sua implantação. Na atualidade, com o barateamento do aparato tecnológico e do custo das comunicações, empresas de menor porte podem se igualar em termos de competividade às de maior porte, o que evita que fiquem excluídas do mercado que envolve a TI.

O elevado valor dado à posse da informação na sociedade atual leva as empresas a reconhecerem a necessidade de buscá-la, armazená-la e utilizá-la em benefício de sua maior competitividade no mercado. Com isso, elas podem responder de forma mais ágil aos desafios que lhes são impostos e se mover na direção mais apropriada, garantindo, assim, a sua sobrevivência. As que não adotam essa perspectiva apenas engrossam as estatísticas das empresas que não conseguem superar a barreira dos três primeiros anos de vida.

O Gráfico 1.1 apresenta um levantamento efetuado pelo Serviço Brasileiro de Apoio às Micro e Pequenas Empresas de São Paulo (Sebrae-SP), entidade que tem como missão apoiar a instalação e o desenvolvimento de empresas de pequeno porte nesse estado. Nele, é possível observarmos, na parte escura de cada plotagem, o número de empresas que sobrevivem no espaço de tempo demarcado, comparado com o número de empresas que não conseguem sobreviver, apresentado em cor clara. É possível notarmos o aumento do número de empresas sobreviventes à medida que conseguem superar os desafios, com aumento do uso de ferramentas de TI.

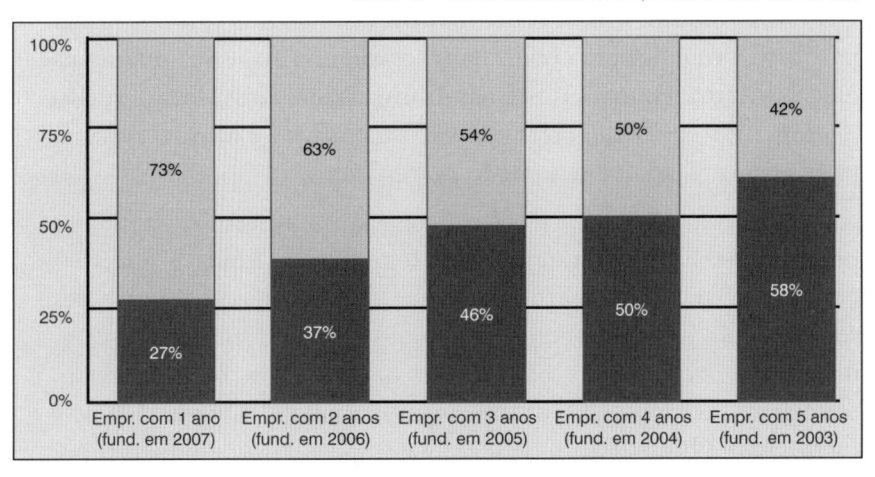

Gráfico 1.1 – Taxa de mortalidade das empresas no Estado de São Paulo

Empr. com 1 ano (fund. em 2007)	Empr. com 2 anos (fund. em 2006)	Empr. com 3 anos (fund. em 2005)	Empr. com 4 anos (fund. em 2004)	Empr. com 5 anos (fund. em 2003)
73% / 27%	63% / 37%	54% / 46%	50% / 50%	42% / 58%

Fonte: Sebrae-SP, 2010.

Posto isso, para que uma organização moderna sobreviva no mercado atual, ela precisa adquirir a cultura da TI, obter os recursos necessários à sua sobrevivência e utilizá-los de forma eficaz, tendo todos os seus participantes dentro de um processo de comunicação em que todos tenham um objetivo comum. A empresa que estabelece a TI como foco e planeja objetivos de curto, médio e longo prazos adquire um conhecimento consistente, que permite o uso recomendado da TI e a descoberta de inovações no processo de utilização desta, colhendo os frutos do trabalho colaborativo que ela incentiva rumo a se tornar uma *organização aprendente*, termo estabelecido por Senge (1990).

A utilização da TI em uma organização ajuda a responder aos questionamentos existenciais desta, os quais procuram apreender: quando a empresa deve desenvolver determinadas ações; por que elas devem ser desenvolvidas e com qual objetivo; e de que forma elas devem se dar. São questionamentos cujas respostas podem ser obtidas mais facilmente com ferramentas de resposta ágil, tais como as que a TI permite acessar. Dessa forma, a utilização da informação é efetuada com o objetivo de tornar a empresa mais estável em um mercado competitivo.

O problema é que a efetivação da cultura do uso da TI não ocorre rapidamente. Não basta comprar um aparato de *hardware* e a licença de um *software*. A essas iniciativas devem ser associadas ações para que a empresa adquira uma cultura de utilização da TI. Um dos principais cuidados é romper com o fator "resistência ao novo" que se instala ao se retirarem muitas pessoas de uma "zona de conforto" (rotina de trabalho), com a qual elas estão acostumadas e e na qual elas ocupam uma posição que têm medo de perder.

O segundo aspecto a ser desenvolvido na utilização da TI nas organizações é o **alinhamento estratégico**. Nas pequenas e médias empresas, esse alinhamento (planejamento) é realizado por uma pessoa ou por uma pequena equipe, sem que grandes investimentos sejam necessários. No entanto, nas grandes organizações, o alinhamento estratégico exige a presença de um profissional chamado de *Chief Information Officer* (CIO), ou *diretor de informática*, responsável por alinhar as ações de negócio da empresa com as estratégias do uso da TI, a fim de tornar a empresa competitiva no mercado.

É praticamente impossível alinhar a estratégia do uso da TI com a estratégia de negócios sem que o responsável esteja diretamente ligado aos negócios da empresa. Ou seja, o **CIO deve ter uma visão sistêmica do negócio** e não apenas ser um conhecedor de técnicas de análise e de programação – o que pode fazer com que o uso da TI só aumente a complexidade dos trabalhos e dificulte a obtenção de resultados. A estratégia empresarial deve ser bem definida e incluir em seu escopo as forças, as ferramentas e os recursos necessários para ser posta em prática, de modo que o planejamento e o uso da TI possam ser direcionados de acordo com cada caso a ser analisado.

Ao longo do estudo, iremos abordar várias áreas em que a TI pode ser utilizada:

- automação de escritórios para a melhoria da produtividade de setores administrativos;
- organização do fluxo de trabalho (sistemas comerciais: contas a receber, contas a pagar, fluxo de caixa etc.);
- atendimento das estratégias empresariais (utilização de sistemas ERP – *Enterprise Resource Planning*; CRM – *Client Relationship Management*; *e-commerce*; *e-learning*; *e-business*).

O acompanhamento do cliente deve ser desenvolvido por meio de portais empresariais, que congregam em seu entorno toda a cadeia de valor organizacional. A Figura 1.1 apresenta essa cadeia.

Figura 1.1 – Cadeia de valores genérica

ATIVIDADES DE APOIO	INFRAESTRUTURA DA EMPRESA Contabilidade ambiental. Base de dados ambientais (p. ex.: análise de ciclo de vida e requisitos legais).				
	GERÊNCIA DE RECURSOS HUMANOS Treinamento ambiental. Desenvolvimento de cultura e consciência ambiental.				
	DESENVOLVIMENTO DE TECNOLOGIA Desenvolvimento de processos limpos. Projeto voltado ao meio ambiente natural.				
	AQUISIÇÃO Menos uso de matérias-primas prejudiciais. Especificações voltadas ao meio ambiente natural. Escolha de fornecedores com operações menos poluidoras.				
ATIVIDADES PRIMÁRIAS	LOGÍSTICA INTERNA Armazenamento. Transporte.	OPERAÇÕES Redução de descarga de poluentes. Minimização de resíduos. Redução da quantidade de energia exigida.	LOGÍSTICA EXTERNA Procedimentos de transporte. Armazenamento. Embalagem.	MARKETING & VENDAS Promoção dos aspectos ambientais do produto. Imagem corporativa.	SERVIÇOS Taxa de retorno de produto. Reciclagem.

Fonte: Elaborado com base em Epstein; Roy, 1998.

Cada uma dessas áreas tem sua característica particular. Isso é parte integrante de estudos que procuram valorizar a cadeia de valor organizacional.

1.2

Diferenciais competitivos

O diferencial competitivo diz respeito aos planos que a organização estabelece para antecipar as mudanças que o mercado vai apresentar. Com isso, é possível saber quais adequações internas deverão ser providenciadas, a fim de proporcionar ao pessoal interno as condições necessárias para enfrentar as possíveis mudanças estruturais. Como consequência, deve ser exigido dos colaboradores da organização que desenvolvam um processo de formação permanente e continuada, com vistas a enfrentar as mudanças culturais advindas de um novo posicionamento da organização para o uso da TI.

Apresentar diferencial competitivo significa ser único no meio de uma multidão de iguais, que desenvolvem as mesmas tarefas e que somente chegam à liderança por acaso e em virtude das flutuações do mercado.

Contudo, isso não é o suficiente. Adquirir um diferencial competitivo em relação a outras organizações do mercado envolve diversos elementos, os quais são responsáveis pela mudança do ambiente e da cultura organizacional. A partir do final dos anos de 1980, dois elementos tornam-se importantes: o surgimento dos consultores de empresa e o destaque dado às obras de pesquisadores que já vinham anunciando a necessidade de valorizar o capital intelectual da empresa e o profissional do conhecimento (Drucker, 1999).

Para que a empresa possa ter diferencial competitivo, o **conhecimento e a informação passam a ser moeda de troca de alto valor**. E, para adquirir o que consideramos como diferencial competitivo organizacional, a empresa precisa estabelecer o processo denominado de *inteligência competitiva*, que consiste em:

- *data mining* – extração de dados;
- *data warehouse* – armazenamento desses dados;
- *data recovery* – recuperação de forma seletiva das informações que levem a estratégias de alto retorno financeiro, obtido com o uso de linguagens de pesquisa de última geração (*Structured Query Language* – SQL).

Atualmente, um erro muito cometido pelas empresas é o **improviso nas iniciativas adotadas em TI**, as quais devem ser implantadas somente após o estabelecimento da mudança cultural e da preparação dos colaboradores. Quando a empresa é de médio ou pequeno porte, o custo de controle e acompanhamento pode justificar o *outsourcing* (processo de terceirização). Já nas empresas de grande porte, um posicionamento estratégico próximo ao setor diretivo da empresa e sujeito a um processo de estudo de ROI (*Return of Investment*) contínuo e rigoroso submete o processo ao seu departamento de tecnologia da informação (DTI).

As grandes bases de dados devem ser utilizadas extensivamente, visando, principalmente, a um processo de realimentação constante da informação em todos os setores, ou seja, não somente para o cliente, mas para toda a cadeia de valor organizacional (fornecedores, colaboradores, clientes e a sociedade como um todo). A melhoria de atendimento decorrente da maior racionalização dos processos internos pode permitir a divulgação de uma imagem institucional positiva.

A fidelização de clientes, uma prática que deveria ser o objetivo principal da estratégia empresarial, deve ser melhorada por meio de um tratamento diferenciado, que desperte também o interesse de futuros compradores. Esse diferencial competitivo é plenamente alcançável pela utilização de bases de dados inteligentes que retornem o registro de atendimento e que permitam identificar vontades e desejos dos clientes.

Outra maneira de se atingir um diferencial competitivo organizacional é por meio do trabalho no ambiente virtual de aprendizagem (AVA) –, com o qual a empresa pode agregar valor, oferecendo informações complementares sobre o uso de produtos, cursos de formação sobre técnicas de utilização e outros benefícios indiretos. Esta é uma atitude que pode fazer a empresa ser vista, em suas atitudes, em seu comportamento e pelos produtos que vende, como uma organização.

Assim, temos como caminhos para a empresa obter um diferencial competitivo no mercado de trabalho:

1. um processo de formação permanente e continuada dos colaboradores internos – e, eventualmente, de fornecedores, clientes

e do entorno social, quando a empresa quer agregar cursos de formação como valor relativo não somente à valorização profissional, mas também como um benefício indireto aos demais envolvidos;
2. a valorização do capital intelectual dos colaboradores internos da empresa;
3. a valorização da inteligência competitiva;
4. o trabalho em equipe, voltado à formação da organização de aprendizagem – conceito que Senge (1990) identificou como *organização aprendente*;
5. o planejamento de todas as suas ações;
6. a avaliação constante das medidas tomadas para melhorar o atendimento a todas as pessoas envolvidas no processo de comercialização da empresa;
7. a valorização dos pontos fortes dos profissionais;
8. a realimentação constante de respostas às dúvidas apresentadas por qualquer das pessoas envolvidas com o processo de comercialização da empresa;
9. o destaque no atendimento às necessidades da cadeia de valor organizacional da empresa (fornecedores, colaboradores internos, clientes e sociedade em geral);
10. o trabalho desenvolvido no sentido de efetivação da responsabilidade e autoridade social da empresa no mercado;
11. o trabalho no ambiente virtual, o qual representa uma forma de a empresa ser considerada uma organização digital (que marca a sua presença no mercado desenvolvido na rede), o que é caracteriza um avanço para as instituições do mercado contemporâneo.

Esses fatores, apesar de, a princípio, parecerem não ter relação direta com a TI, estão intimamente ligados à utilização desta, além de poderem ser um bom meio para se obter competitividade organizacional.

1.3

Inteligência competitiva

Ser uma organização inteligente e competitiva significa **saber identificar as oportunidades, explorar novos nichos de negócio e/ou melhorar a atuação da empresa em relação ao público consumidor**. Em suma, a inteligência organizacional competitiva é um processo que permite identificar o direcionamento que uma empresa está dando aos seus processos estratégicos, às suas promoções e às suas vendas de produto, a fim de antecipar ações e tornar-se mais rápida para atender ao mercado, que é dinâmico. Tudo isso com vistas a atingir um diferencial competitivo. Uma vez que a organização consiga prever as ações das empresas concorrentes, o seu nível de tomada de decisões para enfrentar a concorrência aumenta.

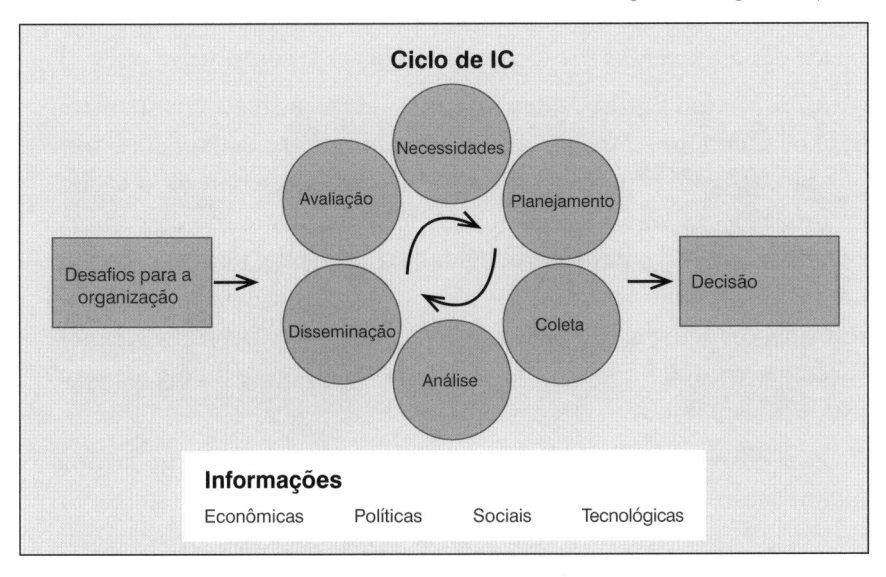

Figura 1.2 – Inteligência competitiva

Ciclo de IC

- Necessidades
- Avaliação
- Planejamento
- Desafios para a organização
- Decisão
- Disseminação
- Coleta
- Análise

Informações
Econômicas   Políticas   Sociais   Tecnológicas

Fonte: Elaborado com base em Núcleo de Informação Tecnológica em Materiais, 2004, citado por Amaral; Garcia; Alliprandini, 2008.

A inteligência competitiva, ciência que surgiu no início da década de 1980, veio como uma resposta direta às exigências impostas pelos processos de globalização neoliberais, que, em virtude do acelerado desenvolvimento tecnológico e ao barateamento dos meios de comunicação em massa, estabeleceram uma acirrada concorrência entre as organizações. Além disso, outro fator relevante para o desenvolvimento dessa nova ciência foi o surgimento de empreendedores com ideias que aproveitavam novas chances de negócios. A divulgação de seus trabalhos facilitou a cópia e a reprodução quase imediata de suas iniciativas de sucesso pela concorrência, havendo casos em que elas foram até mesmo antecipadas.

A TI pode colaborar de diversas maneiras, utilizando-se, por exemplo, de tecnologias como *data mining*, *data warehouse* e SQL, que permitem efetivar um processo similar ao de espionagem eletrônica, mas desenvolvido de forma legal, pela observação e captação de ideias e conhecido modernamente como *inteligência competitiva*.

Contudo, tais ferramentas são apenas algumas das utilizadas pelo processo de inteligência competitiva, não podendo ser confundidas com esta. Essa ressalva é importante, pois, como esses elementos são utilizados em profusão, muitos profissionais os confundem com a totalidade das ferramentas que tornam a inteligência competitiva possível.

A Associação Brasileira dos Analistas de Inteligência Competitiva (Abraic) denomina *sistemas de inteligência competitiva* (SICs) os antigos processos de espionagem industrial, em que acontecia o roubo de informações, obtidas, assim, por meios ilegais (roubo ou compra de informações de maneira indevida). Atualmente, podemos contar com o importante apoio da TI para captar, armazenar e recuperar informações sobre ações da concorrência. Esse fato ocorre pela observação das medidas que são tomadas pelas empresas e divulgadas em localidades públicas.

Essa observação, quando feita de forma dirigida, pode permitir a identificação de ações que são tomadas pela concorrência e a sua reprodução, que pode acontecer de antecipar-se a quem teve a ideia original. Evidentemente, há questões éticas envolvidas, mas muitas vezes elas ficam apenas no terreno das boas intenções: o processo é considerado aceitável e desenvolvido de maneira extensiva nos ambientes em rede.

Segundo a Abraic (2012), inteligência competitiva é "um processo informacional proativo que conduz à melhor tomada de decisão, seja ela estratégica ou operacional, e que visa descobrir as forças que regem os negócios, reduzir o risco e conduzir o tomador de decisão a agir antecipadamente, bem como proteger o conhecimento gerado".

Seguindo essa linha de raciocínio, a inteligência competitiva atua como um processo de sistematização e armazenagem de dados, possibilitando à empresa analisar o mercado e, com base nisso, traçar e executar estratégias competitivas. A análise SWOT, por exemplo, utiliza dados da inteligência competitiva e os disponibiliza para serem analisados com base em diferentes perspectivas. Ela analisa as forças (*strengths*) e fraquezas (*weaknesses*), bem como as oportunidades (*opportunities*) e as ameaças (*threats*) nos cenários em que a organização atuará e que podem direcionar as decisões a serem tomadas.

Mas, afinal, esse processo de inteligência competitiva é legítimo?

Considerando que o processo de inteligência competitiva se apoia na coleta de dados disponíveis nos meios de comunicação de massa e na rede mundial de comunicações – e, também, levando em conta que esses dados não serão utilizados com outras finalidades que não a de permitir que as empresas desenvolvam um processo sadio de competitividade –, apreendemos que a inteligência competitiva é um processo neutro, que não afetaria princípios éticos.

Vista assim, podemos dizer que a análise SWOT se destaca como um processo estratégico da organização desenvolvido com base nas informações captadas no processo de inteligência competitiva e importante no sentido de direcionar ações que a empresa venha a tomar para a mudança ou implementação de novos comportamentos a fim de ganhar maior competitividade no mercado.

Ainda levando em conta essa situação, a segunda pergunta que podemos fazer é: A inteligência competitiva é realmente (como colocam as pessoas que não conhecem o seu funcionamento) um processo de espionagem industrial? Vejamos a diferença entre esses dois termos.

Quadro 1.1 – O comparativo entre espionagem *versus* inteligência competitiva

Espionagem
⬇
Atividades ilegais ou que não estão de acordo com a ética
⬇
Inteligência competitiva
Uso de ferramentas tecnológicas para coletar, armazenar e organizar informações sobre o que a concorrência está fazendo na área de atuação da organização ou sobre áreas nas quais ela tem interesse em atuar, o que depende de bons analistas, capazes de interpretar esses dados. Essa análise gera informações sobre como está o mercado e permite que a organização examine a sua posição no interior deste.

As principais ferramentas da TI aplicadas ao processo de inteligência competitiva são as grandes bases de dados e os recursos que permitem captar e recuperar o imenso volume de informações que tais bases são capazes de guardar em seu espaço físico. As empresas em fase de prospecção de mercados precisam de informações para que, com base na identificação daquelas que lhes interessam, possam efetivar um processo criativo que gere novos conhecimentos a serem utilizados na busca da competitividade no mercado.

O uso da inteligência competitiva faz com que a empresa olhe para além dos limites estreitos de seu ambiente interno e descubra (de fora para dentro) como esses limites podem ser modificados, tornando-a mais competitiva. Ferramentas tecnológicas, dados armazenados e apresentados sob as mais diversas formas são condições necessárias (mas não suficientes) para que novas oportunidades sejam identificadas. Se o material humano é imprescindível, o capital intelectual que a organização apresenta representa o diferencial de valor no tratamento das informações.

As equipes de inteligência competitiva são equipes multidisciplinares, compostas por profissionais de diversas áreas. Nelas convivem profissionais de tecnologia – responsáveis pelos projetos lógico e físico das grandes bases de dados – e administradores – que precisam ter uma visão sistêmica e global da organização. Tal fato é importante, uma vez que é com base nessa visão que os administradores poderão identificar, por meio da comparação das ações da empresa com as da concorrência, os pontos fracos e fortes, as oportunidades e as ameaças (análise SWOT) que terão influência tanto na longevidade quanto na diversificação da linha de produção da organização no mercado.

Desse modo, as equipes de inteligência permitem o desenvolvimento de uma análise mais eficiente sobre o universo de dados armazenados e com recuperação diferenciada – possibilitada pelo uso de linguagens de programação de quarta geração.

1.4 Busca, armazenamento e recuperação de dados para alcançar o diferencial competitivo

As grandes bases de dados são repositórios de dados armazenados em uma sequência logicamente estruturada, que têm como finalidade endereçar, via diferentes perspectivas, informações que podem ser transformadas em conhecimento pelas organizações. A posse da informação e a rapidez de atendimento das necessidades do mercado são a chave para a manutenção da competitividade organizacional no mercado contemporâneo.

É com base nas informações coletadas que a posição da empresa em termos de comparação com o mercado pode adquirir significado para os analistas da organização. A primeira atividade para a criação de uma base de dados é reunir, categorizar e determinar uma estrutura padronizada e lógica para as informações coletadas, de maneira que todos os colaboradores possam acessá-las do mesmo modo.

Os dados a serem armazenados estão diretamente relacionados às atividades da empresa e devem ser categorizados e estruturados após um levantamento inicial sobre quais deles (em quais fontes e sob quais formas) serão utilizados. Essa fase é conhecida como *data mining*, termo que, traduzido ao pé da letra, significa "mineração de dados".

Os sistemas de mineração de dados devem ser atendidos por ferramentas que tornem viável a análise posterior, a qual deve permitir a representação de informações que possibilitem a construção de novos conhecimentos com base não apenas em análises quantitativas, mas também em análises qualitativas, que levem em conta aspectos sociais. Ou seja, é preciso ter padrões claramente definidos. As teorias mais atuais que envolvem a atividade de mineração de dados defendem que é com base nesse processo que será possível criar ricos ambientes de aprendizagem (ou objetos de aprendizagem) em diversas mídias, a fim de reconstruir situações de geração do conhecimento que orientem novas formas de criação de conhecimento.

O repositório de dados deve permitir o acesso guiado a eles feito sob diferentes perspectivas. Tão logo eles sejam recuperados e organizados de acordo com determinado padrão, será definida uma forma lógica e uma forma física de armazenamento que permita a sua recuperação ordenada segundo os interesses da empresa.

O conceito de *data warehouse* é mais abrangente e diz respeito a uma série de possibilidades que permitem à empresa, com base nos dados e nas informações armazenadas, criar novos conhecimentos ou desenvolver novas práticas diferenciadas das tradicionais. Para Codd, Codd e Salley (1993), a definição completa e complexa de *data warehouse* é a seguinte: "O conceito de *data warehouse* descreve uma coleção de dados orientados, integrados, não voláteis e variáveis no tempo, utilizada para suportar decisões gerenciais estratégicas que venham a favorecer as necessidades de informação para os responsáveis pela tomada de decisão" (tradução nossa).

Entretanto, em nosso estudo, optamos por uma definição mais simples e convergente, que está mais de acordo com a cultura brasileira. Assim, consideramos que *data warehouse* consiste na agregação e na consolidação de dados destinados à elaboração de visões de cenários existentes na realidade do mercado contemporâneo. Combinados, esses cenários podem trazer diferentes dimensões do mercado. Ou seja, *data warehouse* é um repositório de informações que serão utilizadas de forma *on-line*, com o propósito de providenciar dados para os processos analíticos que darão suporte à decisão organizacional estratégica.

Figura 1.3 – Arquitetura de um *data warehouse*

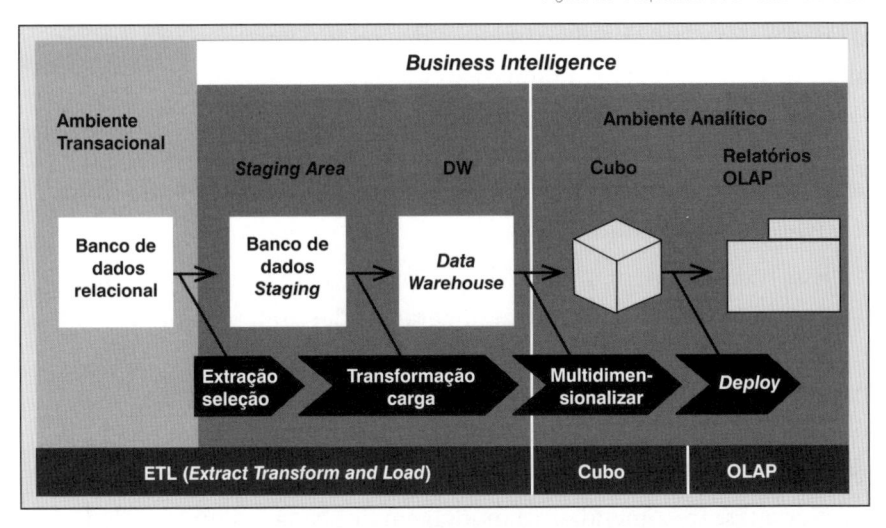

Business Intelligence

Ambiente Transacional			Ambiente Analítico	
	Staging Area	DW	Cubo	Relatórios OLAP

Banco de dados relacional → Banco de dados Staging → Data Warehouse → [Cubo] → [Relatórios]

Extração seleção → Transformação carga → Multidimensionalizar → Deploy

| ETL (*Extract Transform and Load*) | Cubo | OLAP |

Fonte: Elaborado com base em França, 2011.

Para desenvolver um processo de *data warehouse*, é necessário que os dados armazenados apresentem graus variáveis de integração, além de fontes diversificadas – desde que estas sejam consideradas confiáveis. É um processo complexo, sujeito a erros e que deve ser relacionado a contextos ou cenários previamente estabelecidos, haja vista que uma mesma informação (ou dado), quando submetida a um ou mais contextos, pode apresentar resultados totalmente diferentes.

Esse relacionamento, conforme será visto no tratamento dos sistemas de gerenciamento de bancos de dados, é normalmente estabelecido com base em alguma técnica. Tem sido utilizado com mais frequência o modelo Entidade-Relacionamento (E-R), que consiste e em um conjunto de objetos (entidades) e nos relacionamentos entre esses objetos, criando um projeto de uma base de dados operacional. A definição do modelo E-R está relacionada, de forma direta, a um projeto lógico (organização de dados) e a um projeto físico (armazenamento de dados no repositório).

Encerradas as etapas de *data mining* e de armazenamento dos dados de interesse, a terceira e última parte do processo de captura de informações diz respeito aos processos de recuperação de dados, que são realizados com ferramentas conhecidas como *linguagens de consulta de dados de quarta geração*. Os pontos críticos da recuperação de dados são a sua criação e previsão de crescimento, que não deve ir além de determinada taxa (estabelecida caso a caso), de modo a evitar que o processo de recuperação se torne demorado e extensivo. A recuperação de dados pode se tornar uma atividade complexa e, nesses casos, é possível utilizar um modelo de representação que torna a atividade mais clara.

Esse modelo é denominado de *Unified Modeling Language* (UML). Trata-se de uma solução gráfica (diagrama) das aplicações de recuperação de dados, colocada de forma mais compreensível pelos programadores. Essa etapa é chamada de *Structured Query Language* (SQL), ou seja, nela há o uso de linguagens de quarta geração para recuperação das informações armazenadas nas grandes bases de dados.[1]

Nessa fase, recomenda-se a montagem dos cenários onde os dados serão utilizados, uma vez que estes dependem de um contexto. Com base nesses cenários, são estabelecidas as denominadas *visões usuárias* sobre os dados armazenados, de acordo com algum padrão nos sistemas de gerenciamento de bases de dados. Os modelos de dados mais utilizados normalmente são multidimensionais, com dados montados com base em tabelas planas, que são consideradas arquivos individuais componentes da base de dados. Uma visão usuária contém dados provenientes de várias dessas tabelas, relacionadas diretamente com o contexto no qual os dados serão analisados.

A aquisição do diferencial competitivo organizacional que estamos propondo, composto pelos processos de *data mining*, *data warehouse* e SQL, é um processo de elevada complexidade e de alto custo, tanto na fase de levantamento quanto nas fases de implantação e utilização. Nas atividades de manutenção e crescimento da base de dados instalada reside a maior parte do ciclo de vida dos sistemas. Esta etapa de armazenamento é aquela conhecida como *data warehouse*, ou armazém de dados.

A programação orientada a objetos e a implantação de modelos relacionais são as técnicas mais indicadas para a formatação dos modelos em questão – elas não fazem parte do escopo deste capítulo,

---

[1] As linguagens de programação serão abordadas com profundidade mais adiante.

mas serão exaustivamente estudadas por estarem diretamente relacionadas com ele. É importante destacarmos que **o processo de *data warehouse* é considerado um dos fatores críticos de sucesso para muitas organizações**. Sem as informações fornecidas pelo armazém de dados não seria possível dar continuidade ao papel de liderança do mercado.

Questões para reflexão

Neste capítulo, propomos como diferencial organizacional competitivo a utilização das ferramentas *data mining*, *data warehouse* e SQL. Com base nisso, suponha que você seja o responsável pela tecnologia da informação de uma empresa de médio porte na área de alimentos. Como você vai desenvolver o seu trabalho, no sentido de aplicar essas três ferramentas para alavancar um diferencial competitivo para a empresa? Que parâmetros devem ser analisados para posicionar a organização em que você trabalha à frente da concorrência?

2

As bases de dados e os sistemas comerciais

Neste capítulo, abordaremos as grandes bases de dados e os sistemas comerciais mais comumente utilizados pelas empresas, com a finalidade de proporcionar a você uma visão geral sobre a utilização da tecnologia da informação (TI).

2.1

Bancos de dados

O surgimento das tecnologias de armazenamento e recuperação de dados pode ser considerado o início da evolução na construção de grandes sistemas de informação, que permitem aos usuários recuperarem informações estratégicas – que podem ser transformadas em conhecimentos e ações empresariais – com base em uma coleção estruturada de dados, dispostos em alguma ordem logicamente estabelecida.

Inicialmente armazenado em grandes computadores, esse tipo de tecnologia ficava restrito a poucas pessoas. Foi somente com a popularização dos computadores pessoais e com o surgimento e a expansão da internet que essas tecnologias puderam ser disseminadas. Em seguida, foram desenvolvidas as linguagens de programação, que possibilitam consultas de relativa complexidade aos dados armazenados em um sistema de gerenciamento de base de dados. Essas linguagens são estabelecidas por meio de ambientes gráficos, em que o usuário apenas "aponta e arrasta" determinados ícones.

A base de dados é representada por uma estrutura de tabelas planas, unidas a partir de um projeto lógico e armazenadas por meio de técnicas determinadas em seu projeto físico, segundo regras de aperfeiçoamento de espaço de armazenamento ou de rapidez de recuperação dos dados. O objetivo da criação de um banco de dados é obter, como benefício, maior velocidade na recuperação das informações e menor volume de transferência destas.

Em cursos rápidos sobre bancos de dados, disciplinas que tratam a TI de forma mais abrangente, é preferível falar sobre a tecnologia mais usada atualmente: os sistemas de gerenciamento de bases de dados. A concorrência, possível por meio da internet, ofereceu às pequenas e médias empresas a oportunidade de equiparar o seu ferramental com o das empresas de grande porte. Esse enfoque é mais adequado também em razão do maior número de problemas decorrentes da disponibilidade pública dos dados armazenados nas grandes bases de dados empresariais, que normalmente contêm as informações a serem apresentadas nos grandes portais corporativos.

O fato é tão real que os órgãos que criam e determinam padrões para o uso dos sistemas de gerenciamento de bases de dados adotam entre suas diretivas novas tendências, que incluem tratamento especial de pesquisa e recuperação em grandes bases de dados nos ambientes em rede (internet). Os bancos de dados distribuídos na *web* estão voltados a um processo de integração e interoperabilidade, com vistas a minimizar o custo e aumentar a segurança e a privacidade das informações armazenadas, por meio de rotinas avançadas de criptografia.

Os problemas mais sensíveis relacionados ao desenvolvimento de bancos de dados disponíveis para a rede são a distribuição dos dados, as questões de segurança e a autonomia dos locais de armazenamento (no caso de grandes bases de dados distribuídas e da captação e circulação de informações colocadas de forma redundante).

Independentemente da localização das bases de dados, a sua formatação está dividida em duas etapas: projeto lógico e projeto físico. O **projeto lógico** determina a distribuição e o inter-relacionamento das tabelas planas, seguindo determinada metodologia.

No projeto lógico, o levantamento de dados é efetuado com base em um processo de modelagem que capta os dados e segue o seu fluxo, desde a criação da base de dados até a sua utilização, o que determina as formas de armazenamento possíveis. A técnica mais utilizada nos cursos específicos sobre bancos de dados é a técnica *Data Flow Diagram* (DFD), que apresenta graficamente os atributos dos dados e as entidades de que provêm.

Atualmente, o desenvolvimento de bases de dados pequenas e isoladas é feito por empresas terceirizadas, em vez de ficar sob a responsabilidade dos setores de TI. Estes acabam por se dedicar ao desenvolvimento das grandes bases de dados distribuídas – que requerem mais cuidados – e à definição de rotinas de segurança de integridade mais rígidas em decorrência da disponibilidade pública dos dados. Nesses casos, a integridade e a melhoria das rotinas de consulta a bases de dados – com vistas a aumentar o tráfego na rede e cuidar da integração dos dados, evitando-se o grande volume de dados iguais – ocupam a maior parte dos estudos para o desenvolvimento de grandes bases de dados distribuídas.

Vale frisarmos que a questão de volume de transferência de dados pode representar significativo aumento no custo da aplicação, ao exigir um aumento do volume de banda necessário.

A tecnologia XML (*Extensible Markup Language*) é uma nova linguagem de marcação para a criação de documentos. Por meio dela, são criadas estruturas em forma de árvore que permitem o desenho facilitado dos projetos lógico e físico das grandes bases de dados, principalmente no que diz respeito à montagem das visões usuárias. O desenvolvimento dos trabalhos segue as orientações "a objeto", o que possibilita a definição de classes e métodos para o manuseio dos comandos utilizados na linguagem XML, facilitando a construção de rotinas de uso comum para a recuperação e a utilização dos dados armazenados.

Não menos importante é uma das últimas atividades desenvolvidas pelos programadores de aplicativos para as grandes bases de dados (que estejam ou não disponíveis em ambientes em rede): as linguagens de recuperação de dados (SQL). Elas podem ser determinantes para o sucesso no uso das grandes bases de dados. O termo *usabilidade*, aplicado às interfaces entre ser humano e máquina, ajusta-se totalmente a essa etapa de um sistema de gerenciamento de bases de dados.

Questões para reflexão

Pesquise e estude a tecnologia XML e depois discuta com seus colegas, no ambiente virtual de aprendizagem, sobre esse tema. Você sabe escrever em XML? Sabe ler em XML? Isso vai enriquecer o seu conhecimento sobre inteligência competitiva e TI em ambientes organizacionais.

Recentemente, os elementos que mais ocupam o tempo dos desenvolvedores dos sistemas de gerenciamento de bases de dados mudaram de foco; agora, a atenção recai nas questões de portabilidade – que permitem que uma base de dados seja utilizada em diferentes sistemas operacionais – e de integração e conectividade entre arquivos – que possibilitam a existência de arquivos comuns, evitando a redundância.

A integração entre dados e sistemas, por sua vez, diz respeito a aplicações comuns não proprietárias, cujos dados são protegidos por direitos ou estão sujeitos a rigorosas rotinas de garantia de segurança e privacidade – estes dois últimos aspectos são também um destaque no estudo das grandes bases de dados. As pesquisas mais recentes giram em torno da ontologia (modelo de dados) de aplicativos em computador, cujos principais objetos de estudo são:

- os indivíduos;
- as classes, que representam as coleções ou os tipos de objetos armazenados nas grandes bases de dados;
- os atributos prioritários;
- as características ou os parâmetros que os objetos armazenados nas bases de dados podem ter de forma intrínseca, de modo que possam ser compartilhados entre diversos aplicativos;

- os relacionamentos, que são as formas como os objetos se relacionam uns com os outros.

Essa definição considera um objeto como uma entidade que tenha existência física ou abstrata no mundo real.

2.2 Sistemas ERP

Uma das áreas de atuação preferidas de todos os *Chief Information Officer* (CIO) é a que envolve o gerenciamento de sistemas que controlam e orientam o uso dos recursos disponíveis na empresa, colocados à disposição para a produção dos serviços ou produtos comercializados. Devolver e controlar esses sistemas, denominados *Enterprise Resource Planning* (ERP), ou planejamento dos recursos da empresa, é algo que consome muito tempo e dinheiro das empresas de *softwares*, tanto que, até bem pouco tempo atrás, eram utilizados apenas por empresas de grande porte.

No entanto, o desenvolvimento de sistemas *open source* (*software* livre) acabou por popularizar a adoção dos sistemas ERP nas demais empresas, aumentando o grau de competitividade destas em relação às organizações de maior porte. Dos sistemas ERP surgem outros sistemas também específicos, como o *Client Relationship Management* (CRM – ou gestão de relacionamento com o cliente) e o *Supply Chain Management* (SCM – ou gestão da cadeia de suprimentos).

A evolução da *web* 2.0, com o oferecimento de aplicações que podem ser desenvolvidas em servidores externos, é outro elemento de estímulo à competitividade das empresas de menor porte – pelo menos no que diz respeito à igualdade de condições no acesso às informações. Essa área movimenta milhões por ano e, nela, as inovações são constantes. Atualmente, esses sistemas já são chamados de ERP 2, pois aumentam a sua área de influência no âmbito das atividades desenvolvidas pela empresa.

Figura 2.1 – Exemplo de um módulo ERP

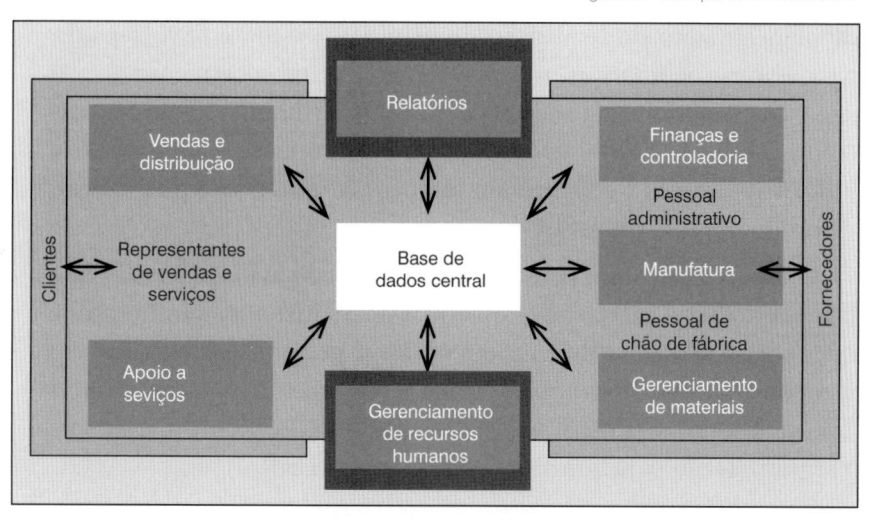

```
                           Relatórios

         Vendas e                              Finanças e
       distribuição                           controladoria
                                                Pessoal
                                             administrativo
  Representantes         Base de
Clientes  de vendas e    dados central          Manufatura         Fornecedores
       serviços
                                              Pessoal de
                                             chão de fábrica
         Apoio a                             Gerenciamento
        seviços                               de materiais
                        Gerenciamento
                        de recursos
                        humanos
```

Fonte: Elaborado com base em Davenport, 1998, citado por Zancul; Rozenfeld, 1999.

A complexidade de um sistema ERP pode ser explicada pela dificuldade de sua implantação e pelas mudanças internas que ela exige, haja vista a resistência em se aceitar o novo, o que dificulta a implantação das atividades iniciais.

Historicamente, os sistemas ERP surgiram para resolver questões de estoque e de controle no projeto do produto. Para isso, na esteira das aplicações iniciais, surgiram os sistemas de controle *Material Requirement Planning* (MRP – ou planejamento de requisições de materiais), que ampliam o conceito inicial mais limitado dos sistemas ERP, dando início à sua expansão para o tratamento de todos os processos operacionais que eram envolvidos pelo projeto do produto.

Logo em seguida, foi desenvolvido o *Distribution Resource Planning* (DRP – ou planejamento da distribuição dos recursos) e, a partir desse momento, o uso extensivo da TI trouxe as organizações ao seu estado atual, em que uma empresa, caso deixe de usar as ferramentas que utiliza em seus processos operacionais, não consegue prever até quando sobreviverá no mercado. Isso, lógico, cria uma dependência tecnológica que causa preocupações pelo impacto social que alguma pane na utilização poderia provocar.

Com os novos sistemas MRP, chamados de *MRP 2*, o processo de planejamento de requisição de materiais passou a envolver também as áreas de finanças, recursos humanos e gerenciamento de projetos, que, anteriormente, eram isoladas e não tinham relação alguma com os sistemas ERP – os quais eram notadamente mais voltados à linha de produção e constituíam soluções de automação no processo de produção e distribuição.

O uso extensivo dos sistemas ERP foi devido às exigências de qualidade e redução de custos – objetivos aparentemente conflitantes e que exigem soluções diferenciadas para que possam ser atendidos, em um ponto de equilíbrio que permita à organização apresentar serviços ou produtos competitivos para o mercado. Vejamos no esquema a seguir a razão para a utilização de sistemas ERP:

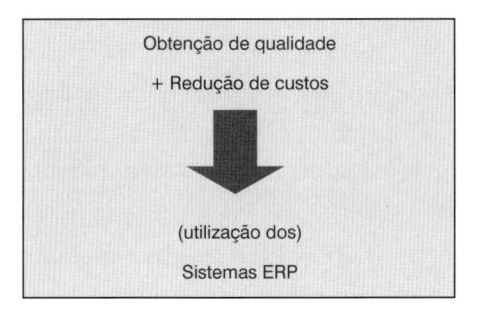

```
            Obtenção de qualidade
            + Redução de custos
                    ⬇
              (utilização dos)
                Sistemas ERP
```

Uma das definições mais consistentes para os sistemas ERP é dada por Chen (2001), que conceitua *sistemas de informação* como "sistemas integrados, complexos, desenvolvidos para dar suporte a áreas-chave funcionais na empresa e que estão voltados para identificar e planejar amplamente os recursos necessários para projetar, desenvolver e fazer chegar aos destinatários os produtos desenvolvidos pela empresa".

Com base nessa definição, ao se observarem os sistemas de taxonomia (classificação de informações) mais antigos, certamente os sistemas ERP serão classificados como sistemas de nível operacional na estrutura dos sistemas implantados na organização. Nas taxonomias mais modernas, eles mudam de categoria e passam a ser considerados sistemas estratégicos, que não apenas organizam o processo de produção, mas podem conferir-lhe alta qualidade e competência na competitividade organizacional.

O armazenamento de dados e a sua utilização dependem de um conhecimento aprofundado de cada atividade operacional que esteja sendo automatizada. Após apresentarmos essa definição operacional, consideramos importante propor outra visão, que define os sistemas ERP como "sistemas baseados em programas de *software* que facilitam o fluxo de informações entre todas as funções desenvolvidas dentro da organização" (Watson; Schneider, 1999), justificando a sua mudança de categoria dentro da empresa.

Como regra geral, os sistemas ERP apresentam estrutura modular, em que cada módulo abrange a automação do controle de alguma tarefa operacional específica. Genericamente, os sistemas ERP tentam evitar a redundância e a falta de confiabilidade dos dados, sendo, para isso, dotados de rotinas de segurança, privacidade e integridade dos dados, o que permite recuperá-los com o mínimo de perdas, em caso de imprevistos. Além disso, os sistemas ERP são a plataforma central em torno da qual são desenvolvidas novas aplicações para atender cada empresa de forma particular em suas necessidades de automação de atividades operacionais.

Watson e Schneider (1999) consideram como características de um sistema ERP:

- integração de dados entre aplicações;
- padronização de processos;
- padronização da atuação dos recursos humanos.

Os benefícios do uso desses sistemas são variáveis em diferentes organizações. Podemos entender que não existe uma regra geral para a sua mensuração, principalmente levando em conta os benefícios indiretos que podem representar uma variável de considerável importância. Alguns autores definem como benefício financeiro entre 10% e 15% de retorno sobre os valores aplicados como investimento na implantação do sistema, quando se compara a nova situação, após um tempo de adaptação, com a situação anterior.

2.3

Sistemas CRM

Entre os diversos sistemas que se seguiram à implantação de sistemas de controle dos recursos das empresas, um dos mais importantes é aquele que gerencia o relacionamento da organização com o cliente nas mais diversas fases de desenvolvimento de negócios: o *Client Relationship Management* (CRM), ou gerenciamento do relacionamento com o cliente. Na atualidade, após evolução desse sistema, seu *status* avançou com o desenvolvimento do relacionamento com os clientes no ambiente virtual. O e-CRM ("e" de *electronic*) tem a mesma finalidade do CRM, porém utiliza ferramentas diferenciadas e exige um comportamento mais cuidadoso dos colaboradores responsáveis pelo seu desenvolvimento.

O CRM tem sua origem na mudança da "sociedade industrial" para a "sociedade do conhecimento" (Castells, 1999), que desloca a empresa da posição de decidir o que colocar no mercado e posiciona o cliente no centro desse processo, estando todas as atividades da organização voltadas para a captação do cliente, o estabelecimento de contato e negociação, o fechamento de negócio, a realização de atividades de pós-venda e a adoção de estratégias para fidelizar o cliente aos seus serviços ou produtos.

Os processos de venda e atendimento ao cliente são considerados, em uma perspectiva reducionista, como concernentes à área de *marketing*. É interessante alertarmos que essa atividade é uma área de comunicação voltada para proporcionar a satisfação dos desejos e das necessidades do cliente. Sendo este a figura central do mercado, justifica-se a importância de se ter um processo de gestão do relacionamento da empresa com o cliente (considerado agora como participante e integrante ativo de cadeia de valor da organização, a qual é formada ainda por seus fornecedores, pelos colaboradores internos e pela própria comunidade subjacente à área de atuação da empresa) por meio do desenvolvimento de atividades de responsabilidade e autoridade social.

Figura 2.2 – Modelo de CRM

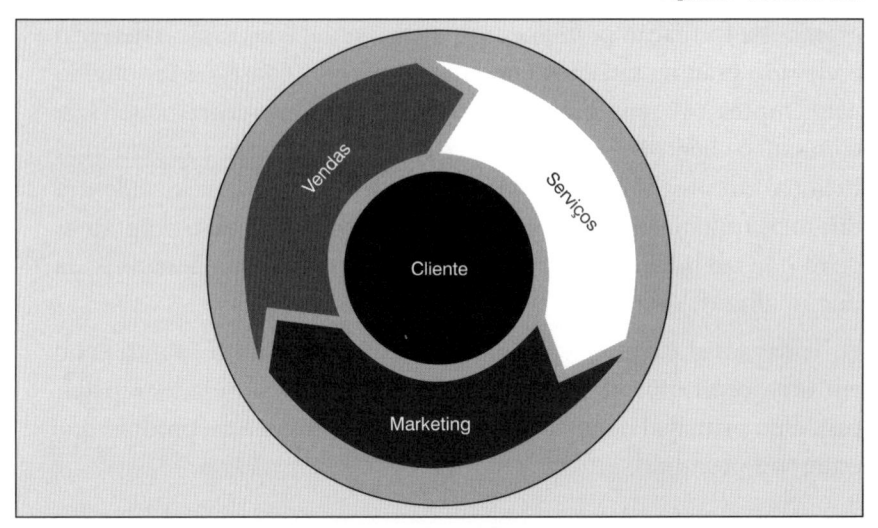

(Diagrama circular mostrando Cliente no centro, com Vendas, Serviços e Marketing ao redor)

O sistema CRM tem como objetivos maximizar o valor do cliente para a empresa e definir a agregação de valores aos produtos ou serviços desenvolvidos pela empresa, por meio de um atendimento pós-venda e da comunicação através do *marketing* de permissão e do relacionamento da organização com o cliente.

Com a evolução das tecnologias da comunicação e o barateamento da afiliação às grandes redes distribuídas via internet, o e-CRM assume praticamente toda a atividade de CRM tradicional, desde que grande parte dos compradores da organização não esteja sujeita a algum processo de exclusão digital – único caso em que se justifica a manutenção de um processo de CRM tradicional nas sociedades da informação e da comunicação.

No ambiente digital, a empresa pode prestar um atendimento ainda mais diferenciado ao cliente, inserindo-o inclusive em seus programas de formação profissional, desenvolvidos como processo de formação permanente e continuada e como participação em seminários que esclareçam sobre os benefícios ou as melhores práticas para o uso dos produtos. Esses programas incorporam os setores de *Help Desk* e os serviços de atendimento ao cliente (SACs), ampliando a abrangência dos valores agregados aos produtos ou serviços que a empresa comercializa.

Para que seja possível a inclusão do cliente em seminários ou programas de formação permanente e continuada, é necessário destacar o elevado grau de satisfação do cliente quando consegue ser ouvido pela empresa. A sensação de ser parte de uma estrutura pode fazer com que o cliente torne-se fiel à marca e divulgue uma imagem institucional em uma forma de *marketing* "boca a boca", considerado um dos mais funcionais no mercado atual. A participação em programas de responsabilidade e autoridade social é outra maneira desenvolvida de trabalho de gestão do relacionamento com o cliente.

Todas essas atividades são reunidas em um portal corporativo ou em um vortal (portal temático, voltado para comunidades específicas), cujo principal objetivo é agregar valor ao serviço ou produto que está sendo vendido.

2.4
Outros sistemas comerciais

Os outros sistemas componentes dos sistemas de informação, parte integrante da TI aplicada, podem ser classificados como indicado no quadro a seguir.

Quadro 2.1 – Outros sistemas componentes dos sistemas de informação

Softwares "sistemas operacionais" simples ou em rede	Designam um conjunto de programas computacionais que controlam o *hardware* do computador e atuam como interface para os programas de aplicação.
	São eles que executam as funções de gerenciamento e controle de acesso aos recursos de processamento e dos arquivos do sistema.
Softwares aplicativos	Designam um conjunto de sistemas desenvolvidos por programadores que utilizam os recursos do sistema para solução de problemas do cotidiano da organização, tais como o cálculo da folha de pagamento, um sistema de contabilidade, o controle de estoques e outros sistemas gerenciais.

(continua)

(Quadro 2.1 – conclusão)

Softwares de produtividade	Designam um conjunto de sistemas desenvolvidos por programadores que utilizam os recursos do sistema e são voltados para o desenvolvimento de tarefas específicas do dia a dia, tais como digitação de cartas e memorandos (editores de texto; por exemplo, o Microsoft Word®), montagem de apresentações (*softwares* de autoria; por exemplo, o Microsoft PowerPoint®), desenvolvimento de cálculos e projeções (planilhas eletrônicas; por exemplo, o Microsoft Excel®) e edição de fotos (por exemplo, o Photoshop).
Utilitários	Designam um conjunto de programas desenvolvidos por programadores que utilizam os recursos do sistema, o qual tem como objetivo o desenvolvimento de trabalhos voltados para manutenção e correção de erros no ambiente, tais como os programas antivírus, os programas que fazem cópias e acertos em discos rígidos e uma infinidade de tarefas menores.
Softwares para atendimento de necessidades específicas	São programas desenvolvidos por usuários para executar pequenas rotinas do seu dia a dia e que podem utilizar qualquer tipo de programa anteriormente citado. Quando os direitos autorais são reservados e o produto é colocado à venda no mercado, esses *softwares* são considerados proprietários e podem ser comprados em seu formato geral, que não permite alterações, ou em formato adaptável, de acordo com as necessidades do usuário.

Outro tipo de classificação considera os *softwares* aplicativos de acordo com a sua fonte, tais como:

- *softwares* proprietários;
- *softwares* proprietários gerais;
- *softwares* proprietários adaptáveis;
- *softwares* livres (aqueles desenvolvidos por uma comunidade de programadores, que elaboram rotinas complementares e resolvem problemas de erros, sendo colocados à disposição para uso sem apresentar custo de compra, podendo, apenas, haver custos de instalação e manutenção).

Um dos aspectos mais importantes dos programas é a maneira como os usuários se comunicam com os sistemas. Essa comunicação foi, durante muito tempo, baseada em linhas de comando, até que foram criadas as interfaces gráficas entre máquina e usuário, que obedecem a critérios ergonômicos. Atualmente, o parâmetro de avaliação de uma interface gráfica é denominado *usabilidade*. O conceito de usabilidade se concretiza sempre que algum usuário estiver na frente de algum objeto físico ou abstrato, momento em que é possível determinar seu grau de usabilidade de acordo com o conceito de que esse objeto será maior quanto mais vezes o usuário obtiver sucesso em suas tentativas de entrada e obtiver de resultados.

Questões para reflexão

Sabendo que os sistemas ERP têm por objetivo gerenciar os recursos de uma empresa, com vistas a aumentar a qualidade dos serviços oferecidos e diminuir custos operacionais, de que maneira você desenvolveria esse sistema para a empresa de alimentos de que falamos no final do Capítulo 1? Quais recursos você levaria em conta para desenvolver esse sistema? O que você apresentaria à empresa para diminuir o fator resistência que possivelmente se instalaria entre os colaboradores com relação à implantação desse sistema?

3

Utilização da tecnologia da informação (TI)

O conteúdo deste capítulo destaca a importância das novas formas de relacionamento das pessoas envolvidas com o uso da tecnologia da informação (TI), sejam elas especialistas na área ou não. Para tanto, deve-se levar em consideração que os grupos de desenvolvimento de aplicativos são formados por equipes multidisciplinares, cujos componentes têm visões diferentes, de acordo com os seus interesses pessoais sobre o sistema. Isso mostra que é necessário o direcionamento de analistas que tenham uma visão sistêmica global, de modo que os sistemas possam ser desenvolvidos para o uso geral.

3.1

Relacionamento interdepartamental

Atualmente, o profissional de TI recebe várias designações e atua em diversos cargos, sendo, portanto, um dos profissionais mais destacados nas organizações a partir do momento em que a tecnologia foi colocada a serviço do aumento da competitividade e passou a fazer parte das ações estratégicas da empresa. Assim, esses profissionais são os administradores de bases de dados, os analistas de sistema, os programadores e demais pessoas que ocupam cargos estratégicos dentro de uma organização, como o CIO (*Chief Information Officer*).

Existe um nome geral para essas antigas designações. Nas empresas de grande porte, são chamados de *analistas de negócios*, que, além de seus conhecimentos técnicos, têm como foco os negócios, ou seja, além dos conhecimentos do mercado, esses profissionais sabem utilizar a tecnologia em seu próprio benefício, para obter melhores resultados para a empresa para a qual trabalham.

O profissional de TI, em virtude de seu perfil tecnológico, na maioria dos casos, tem apresentado um problema que deve ser contornado: a sua comunicação com os demais colaboradores da empresa em seus diversos departamentos. A compreensão dos negócios envolve uma visão sistêmica que exige que esse profissional tenha um bom relacionamento e desenvolva um processo de comunicação interpessoal diferenciado e com base no apoio mútuo e no respeito profissional. Isso, muitas vezes, não ocorre, comprometendo os objetivos estrategicamente definidos pelos órgãos diretivos da organização.

Para compreender os negócios, o profissional de TI precisa saber como a empresa está estruturada em seu organograma funcional, como são desenvolvidos os processos internos (o que lhe dá a visão do que pode automatizar e com que grau de eficiência), como se desenvolve o processo de venda, como é o seu fechamento, como se dá o acompanhamento pós-venda e quais valores podem ser agregados a determinado serviço ou produto.

Isso, fundamentalmente, requer um relacionamento interdepartamental bem desenvolvido, pois opinar tecnicamente faz parte das atribuições desse profissional como consultor de tecnologia, determinando as ferramentas a serem utilizadas em cada setor da empresa e os novos comportamentos que o uso da mediação tecnológica vai provocar.

Por meio desse bom relacionamento interdepartamental, um desafio atribuído a esse profissional é evitar que um "perfil de resistência" venha a prejudicar a implantação da automação de alguns serviços operacionais no interior da organização. Essa é a primeira mudança cultural que ocorre ao se estender o uso da TI como ferramenta para melhoria da qualidade dos serviços oferecidos ao mercado, com a intenção de tornar a empresa mais competitiva.

Em levantamentos efetuados para mensurar os resultados da aplicação da TI, um dos principais aspectos relacionados a falhas foi a lacuna deixada pela falta de um bom relacionamento interdepartamental, o qual é desenvolvido por meio da empatia entre as partes. Assim, para o profissional de TI, uma das competências exigidas é uma visão estratégica da importância do trabalho em grupo e do bom relacionamento interdepartamental, atuando até mesmo como mediador de conflitos, independentemente da ferramenta que for utilizada para desenvolver essa atividade.

Dessa forma, para responsabilizar os profissionais internos pela expansão do uso da TI aplicada, esta seção, que tem por objetivo tratar do relacionamento interpessoal, apresenta uma das preocupações dos programas de formação de novas competências e habilidades, desenvolvidos pelos programas de treinamento dos departamentos de T&D (treinamento e desenvolvimento) ou no interior das universidades corporativas, que, para muitos, substituem com vantagens o T&D.

Outro aspecto a destacar é a formação gerencial do profissional de TI, por meio de um levantamento das características do seu perfil e de uma avaliação dos seus pontos fortes, a fim de que se torne capaz de gerenciar e liderar equipes motivadas para atuarem no sentido de melhorar a competitividade da empresa no mercado. Essas atividades **dependem**, fundamentalmente, **do tamanho do setor de TI**, mas **independem da sua estruturação interna**, na qual se destacam profissionais com características específicas, tais como a responsabilidade pela rede, pela segurança da informação e pelo atendimento a necessidades dos usuários.

Essas competências e habilidades nunca foram antes exigidas desses profissionais, mas agora entram em foco. São características que somente nos dias atuais estão sendo consideradas fundamentais no perfil do profissional que desenvolve os seus trabalhos na área de TI. Essas características são:

- capacidade de gestão de recursos humanos;
- compreensão da estrutura dos negócios da empresa;
- capacidade de gestão de conflitos;
- empreendedorismo tecnológico;
- trabalho com inteligência emocional;
- preocupação com processos de formação permanente e continuada.

À medida que o mercado de trabalho evolui e apresenta novas tecnologias, torna-se necessário rever aspectos que deveriam ter um tratamento regular e que acabam sendo esquecidos em função da rotina diária. Os aspectos anteriormente relacionados representam um claro exemplo desse posicionamento.

3.2

Análise de organização e métodos

Com o passar do tempo, o analista de organização e métodos teve diferentes posições na estrutura organizacional. Ele, antes, era um profissional do qual não eram exigidos conhecimentos técnicos, apenas capacidade de desenhar formulários e definir procedimentos voltados para a organização dos processos operacionais empresariais.

Atualmente, por causa da utilização extensiva da TI, pode parecer que esse profissional está com os seus dias contados. Mas é apenas uma impressão. A verdade é que muitas das atividades que ele desenvolve podem ser realizadas pelo analista de sistemas – profissão cujo perfil também sofreu mudanças com o processo evolutivo do uso da TI aplicada.

Dessa maneira, a análise de organização e métodos continua sendo considerada uma profissão altamente especializada. Entre as competências e as habilidades do profissional dessa área, incluem-se: visão sistêmica sobre toda a empresa, conhecimento do desenvolvimento do processo de gestão de negócios e visão prospectiva do mercado em que a empresa atua.

Trata-se de um profissional de alto nível, cujas competências e habilidades são relacionadas a seguir.

- Capacidade de desenvolvimento de pesquisas mercadológicas e gestão de inovações tecnológicas, sabendo onde aplicá-las em seu trabalho.

- Versatilidade, a fim de atuar em diversas áreas, pois deve ser capaz de propor procedimentos, desenho de documentos e orientações de procedimentos operacionais padronizados.

- Visão empresarial para contribuir com o direcionamento estratégico proposto pela empresa.

- Atuação no sentido de criar equipes com alto grau de sinergia, em que cada participante luta pelo crescimento do grupo, com o objetivo de alinhar a atuação da equipe às estratégias determinadas pela empresa.

- Senso crítico para filtrar apenas as informações de interesse em um processo de inteligência competitiva e, com esse grande volume de informações, ter criatividade para criar novos conhecimentos.

- Capacidade de análise e síntese, a fim de desenvolver os negócios da empresa de acordo com a estratégia proposta.

- Alto nível de relacionamento interdepartamental, com a intenção de criar sinergia e alinhar o foco da equipe às estratégias da empresa.

Normalmente, o trabalho do analista de organização e métodos envolve negociar e definir os direitos, os deveres e o nível de serviço para os colaboradores internos da organização, bem como organizar os dados coletados nas atividades de *data warehouse* para montar relatórios de análise de resultados, identificando a necessidade de ampliar responsabilidades e criar novos documentos e formulários, a fim de proporcionar a racionalização de serviços em setores diversificados da empresa.

Esse profissional deve, ainda, ser capaz de identificar os pontos deficientes e que não apresentam resultados de acordo com o planejamento previamente estabelecido, exigindo, portanto, realinhamento de procedimentos ou mudança de pessoas. Essas atividades são desenvolvidas em função dos colaboradores internos, o que implica que ele saiba apresentar o resultado de seus estudos de forma compreensível, apresentando soluções alternativas, ou seja, ele deve saber convencer as pessoas a respeito do resultado do seu trabalho.

Essa atividade de consultoria interna exige que ele esteja bem seguro das propostas e das sugestões de melhoria de serviços ou mudança de documentos que vai apresentar. A não funcionalidade de suas propostas é questionada de forma mais direta e com maior exigência do que ocorre com os subordinados que vão desenvolver o trabalho de acordo com as orientações que a empresa utiliza em seu setor de organização e métodos. Ele é, claramente, um profissional de nível superior (tecnológico ou bacharel). Não se indica formação técnica por considerá-la insuficiente, em virtude do rol de competências e habilidades apresentadas anteriormente, as quais, normalmente, não são formadas em iniciativas de nível técnico.

Conhecimentos em psicologia são qualidades desejáveis, pois muitas vezes esse profissional precisa lidar com as emoções humanas, fazendo críticas ao desenvolvimento de um trabalho. Essas críticas, se mal apresentadas, podem colocar a perder um longo tempo de trabalho e investimento em formação permanente e continuada para a melhoria de resultados anteriormente observados.

3.3

Análise de sistemas

O profissional conhecido como *analista de sistemas* é aquele que tem por função realizar os estudos dos processos operacionais da empresa, avaliando o que precisa ser melhorado para torná-los mais racionais, com a intervenção da TI – mais especificamente, por meio do desenvolvimento de sistemas internos ou da aquisição de sistemas existentes e comercializados no mercado.

Seu material de trabalho é constituído, basicamente, do estudo dos diversos sistemas existentes e do *hardware* disponível, das necessidades dos usuários para a melhoria de suas funções e das carências estratégicas da empresa para a racionalização de determinados processos operacionais. A partir daí, ele desenvolve soluções padronizadas, que serão transcritas em código de máquina (programadas), utilizando alguma linguagem mais adequada. Nesse sentido, pode-se dizer que esse profissional define, mas não codifica ou desenvolve esses programas, entregando essa tarefa para os programadores.

A principal pergunta que devemos responder é: Quais são as características necessárias para ser analista de sistemas?

São várias as competências e as habilidades exigidas, as quais podem ser relacionadas em uma lista, sem nenhuma hierarquia de importância, conforme apresentadas no quadro as seguir.

Quadro 3.1 – Competências e habilidades do analista de sistemas

Competências e habilidades	
Criatividade	Estar capacitado para sugerir novos caminhos para a melhoria de processos operacionais em que ocorra algum problema ou gargalo que impeça o desenvolvimento de outras atividades com mais desenvoltura.
Bom senso	Ser capaz de tratar situações e problemas inéditos, para os quais nunca houve a necessidade de algum processo automatizado e, por meio de um estudo detalhado, determinar se cabem medidas para sua automação.
Liderança	Estar apto para liderar equipes heterogêneas, desenvolvendo sua integração com a intenção de obter o melhor desempenho, tratando de conflitos que podem ocorrer entre os integrantes.
Senso analítico e boa comunicação	Estar capacitado para organizar e expor os resultados de seus estudos, tanto para as chefias imediatas quanto para as equipes de programação que vão desenvolver o trabalho proposto.
Atualização tecnológica	Ser capaz de desenvolver um processo de formação permanente e continuada, voltado para a melhoria constante de seu perfil profissional e para a atualização de seus conhecimentos, em uma área cujo desenvolvimento é acelerado.
Boas relações interpessoais	Ter habilidade para desenvolver processos intensos de interação interdepartamental e uma integração muito ativa com os usuários, considerando-os seus "clientes", bem como atender às necessidades mais imediatas destes.
Boa visão sistêmica	Estar capacitado para compreender a organização, sua missão, suas estratégias e seus objetivos empresariais, desenvolvidos para melhorar os serviços operacionais, de modo a permitir maior grau de competitividade para a organização.
Domínio de língua estrangeira	Estar habilitado para o domínio de um ou mais idiomas estrangeiros, tendo em mente que grande volume de informações é apresentado nessas línguas, em tempo anterior à sua publicação no mercado nacional, o que pode lhe dar uma vantagem competitiva significativa.

Assim, as principais atividades desse profissional também podem ser igualmente relacionadas em uma lista, valendo as mesmas observações apresentada na montagem da lista do Quadro 3.1. Vejamos:

- Administração do fluxo de informações geradas e distribuídas por redes de computadores dentro de uma organização.
- Planejamento e organização do processamento, do armazenamento, da recuperação e da disponibilidade das informações.
- Suporte aos usuários e à infraestrutura tecnológica.
- Gestão de projetos.
- Levantamento de requisitos, análise, especificação, projeto, programação, testes, homologação, implantação e acompanhamento dos sistemas solicitados por seus usuários.
- Criação de novos produtos e serviços computacionais.

Observe os cuidados que são tomados com relação à avaliação de um profissional capaz de atender às necessidades de orientar o desenvolvimento de sistemas em uma organização. É uma atividade que nos dias atuais está alinhada à estratégia adotada pela empresa do que decorre sua importância no ambiente organizacional.

3.4
Desenvolvimento de sistemas e linguagens de programação

Os **sistemas** são um conjunto de programas desenvolvidos de acordo com uma lógica (algoritmo), que visa produzir os resultados desejados. Os **programas** são feitos com o uso de linguagens de programação.

Uma **linguagem de programação** é um conjunto de palavras-chave, símbolos e um sistema de regras para construir declarações pelas quais os seres humanos podem comunicar instruções para o computador executar. O conjunto de regras de uma linguagem é denominado *sintaxe*.

A busca pela evolução constante das linguagens faz com que a cada tempo surja uma nova linguagem. Elas são divididas em gerações e cada uma apresenta características particulares:

- linguagens de primeira geração;
- linguagens de segunda geração;
- linguagens de terceira geração;
- linguagens de quarta geração;
- linguagens de quinta geração.

As linguagens de **primeira geração** foram as de máquina, que exigia o uso de símbolos binários (0; 1). Essa é a linguagem da *Central Unit Processing* (CPU – ou unidade central de processamento). Os arquivos textuais eram traduzidos para 0 e 1 para serem lidos nas plataformas dos sistemas computacionais.

As linguagens de **segunda geração** surgiram para contornar as dificuldades dessa conversão (0; 1) e substituíram os dígitos binários por símbolos que os programadores entendiam mais facilmente.

As linguagens de **terceira geração** prosseguiram nas tendências ao simbolismo, ficando mais próximas da linguagem humana. A aprendizagem por meio dessa linguagem é mais fácil do que no caso das duas gerações anteriores.

As linguagens de **quarta geração** voltam-se mais para os resultados do que para a maneira de escrever comandos nos programas. Elas são linguagens mais voltadas para o usuário final, com a intenção de acesso às grandes bases de dados. São linguagens de pesquisa (SQL – *Structured Query Language*), com sintaxe voltada mais para o usuário final.

As linguagens de **quinta geração** utilizam interfaces (veja o conceito no Capítulo 4) de desenvolvimento visual ou gráfico para criar uma linguagem-fonte, que é compilada por meio de programas denominados *compiladores*.

Atualmente, as linguagens de programação estão voltadas mais para "objetos". Trata-se de uma nova tecnologia que diminui a necessidade de código e de atividades de manutenção em sistemas de grande porte, além de poder criar códigos reutilizáveis por outros programas de maneira mais facilitada.

O grande número de linguagens e de suas características particulares dificulta a escolha da linguagem mais adequada em cada caso. Essa escolha envolve um balanceamento entre custo, controle e complexidade para desenvolvimento. Uma das plataformas mais utilizadas atualmente é a de *software* livre, a qual não possui custo de aquisição. Um dos trios mais empregados para desenvolvimento de sistemas para *web* é formado pela linguagem PHP (*Personal Home Page*), pela base de dados MySQL (produto desenvolvido pela Oracle com base na SQL, porém de uso pessoal) e pelo servidor Apache.

Assim, da mesma forma que os sistemas de informação, as linguagens de programação podem ser livres (*open source*) ou licenciadas, sendo compradas dos fornecedores. As linguagens licenciadas podem ser com base no uso, na capacidade, na rede e na assinatura.

No caso de licença com base no **uso**, as taxas cobradas baseiam-se na quantidade de uso. No caso de licença com base na **capacidade**, as taxas são cobradas de acordo com a capacidade de processamento do computador onde a linguagem vai rodar. No caso de licença em **rede**, o *software* é acessado em ambiente virtual, sendo cobrado por número de acessos ou outras combinações possíveis. No caso de licença com base na **assinatura**, o usuário assina o serviço, paga e recebe as atualizações com melhorias por custo reduzido em relação ao preço de mercado.

Assim como os programas desenvolvidos pelos programadores podem ter erros (*bugs*), as linguagens, que também são programas, podem apresentar esses erros. A indústria de *software* acompanha a evolução tecnológica e efetua mudanças constantes nos programas que coloca à disposição dos usuários, estabelecendo-se um sistema de versões de *softwares*, que representa o mesmo programa em uma versão melhorada e com a correção dos erros das versões anteriores.

Aqueles que trabalham no mercado de tecnologia sabem que, como produtos da arte humana, as linguagens de programação estão sujeitas a erros. No caso dos *softwares* livres, já apontamos para a criação de grandes comunidades que constantemente estão melhorando as funcionalidades e eliminando os erros dos programas.

As companhias que vendem *softwares* e linguagens de programação costumam estabelecer departamentos de suporte para atender aos registros de erros ou problemas ou, simplesmente, para orientar sobre como utilizar o programa em determinadas situações. O mesmo ocorre no interior das organizações, quando elas desenvolvem programas.

Questões para reflexão

Conforme estudamos, o profissional da área de TI não sobrevive apenas com o desenvolvimento de habilidades técnicas. Hoje, são exigidas dele habilidades humanas e gerenciais. Você já parou para pensar como você desenvolve a sua comunicação interdepartamental na empresa em que trabalha? Você conseguiria gerenciar uma crise entre os membros da sua equipe de trabalho?

4

A empresa na era das tecnologias da informação e da comunicação (TICs)

O conteúdo deste capítulo apresenta os desafios (agilidade, competividade, valorização do capital intelectual etc.) postos às empresas na era da comunicação e da informação, os quais devem ser enfrentados para o sucesso de qualquer organização. Para isso, vamos analisar o comportamento estratégico e inovador necessário às empresas nos ambientes digitais, bem como às empresas virtuais neles estabelecidas, a fim de se tornarem competitivas em um mercado em constante desenvolvimento e fundado na incerteza.

Vamos também examinar as possibilidades de oferta de serviços em ambientes em rede. Nesse sentido, a tecnologia da informação (TI) assumiu, nas últimas décadas, uma posição de destaque no organograma funcional das organizações do mercado contemporâneo.

4.1

As tecnologias da informação e da comunicação (TICs) como estratégia de competitividade organizacional

Porter (2001) considera que a competitividade de uma empresa pode ser medida pelo grau e pela quantidade de tecnologia que ela utiliza para melhorar o desempenho de seus serviços operacionais. O advento e o desenvolvimento das comunicações – mais especificamente, o fenômeno da internet – ofereceram possibilidades que ainda não foram totalmente aproveitadas ou sequer conhecidas por todas as organizações – como o *e-commerce* e o *e-business*. Essas e outras ferramentas permitem antever a criação da empresa virtual no mercado digital.

Muitos autores da área afirmam que o levantamento de evidências em termos de retorno de investimento dos gastos com tecnologia da informação (TI), é uma atividade que não conduz a resultados conclusivos, por incluir no balanço da empresa fatores intangíveis, os quais estão relacionados com a melhoria de desempenho e da imagem da empresa – a bem da verdade, esses elementos não podem ser contabilizados na frieza dos números.

É recomendável que em processos de formação atuais seja utilizado o alinhamento estratégico da TI como diferencial competitivo de elevada significância, considerando-se a informação e a aquisição de conhecimento que ela pode trazer. Tendo em vista a dinamicidade da sociedade, esse fator, que também não é mensurável, está relacionado com a colocação de Porter (2001) que analisamos há pouco, ou seja, a mensuração da competitividade de uma empresa pelo grau e pela quantidade de tecnologia que ela utiliza para melhorar o desempenho de seus serviços operacionais.

Nesse sentido, tem significado para a empresa o uso da TI alinhada aos objetivos estratégicos, bem como o planejamento de novos comportamentos e novas atitudes no mercado, com base no comportamento da concorrência. Assim, as grandes empresas, que não terceirizam o desenvolvimento dos seus sistemas alinhados com a estratégia empresarial, utilizam intensivamente os sistemas de informação como ferramentas para alavancar a sua competitividade, embora não consigam resultados que possam ser representados em números exatos.

Ter conhecimento das atitudes dos seus concorrentes e, eventualmente, obter sucesso na antecipação de comportamentos do mercado são aspectos que costumam ser empregados como justificativa para os elevados custos que esses sistemas apresentam. Em conformidade com as chefias e outras lideranças empresariais, o trabalho do analista de sistemas ou do CIO (*Chief Information Officer*) tem por finalidade levantar e definir os objetivos dos negócios da empresa, bem como as formas de mensurar o sucesso obtido no mercado.

As reuniões com essas lideranças devem ser realizadas periodicamente para que, em caso de erro na adoção da estratégia, não se perca um tempo outrora irrecuperável. Dessa forma, o analista de sistemas deve analisar constantemente os dados de desempenho da empresa no mercado e, em seguida, apresentar resultados, realizando consultas sobre a melhoria apresentada e analisando a atuação da concorrência no mesmo nicho de mercado.

Estamos considerando, até aqui, uma empresa de grande porte. Mas e quanto às empresas de médio e pequeno porte? Como sabemos, o custo do desenvolvimento e da implantação da TI é elevado, mas a popularização da internet equilibrou o nível de acesso a essa tecnologia entre as empresas de pequeno, médio e grande porte. O surgimento da *web* 2.0 também permitiu que qualquer empresa possa utilizar as mesmas ferramentas de TI, barateando custos e facilitando (e melhorando) a comunicação e o contato entre consultores externos e as gerências empresariais.

Como consequência, esses fatos levam ao desenvolvimento de soluções que elevam o nível de faturamento das empresas de pequeno e médio porte. Isso corresponde a uma espécie de *outsourcing* tecnológico – atividade cada vez mais frequente, pois não há nesse caso os custos do programa nem da estrutura tecnológica, a qual pode permanecer ociosa por muito tempo.

O cerne da questão, assim, seja para empresas de pequeno e médio porte, seja para as grandes empresas, é o alinhamento das tecnologias da informação e da comunicação (TICs) com a estratégia empresarial, já que todas essas empresas devem ter estabelecido um plano que permita a sua sobrevivência no mercado da sociedade contemporânea. Essa questão é, na verdade, mais simples do que tentar levantar benefícios intangíveis e também pode facilitar o trabalho de consultores especialistas, que atuam em níveis diferenciados de análise de custos, benefícios e retorno do capital investido (ROI – *Return of Investment*).

A visão apresentada em cursos de formação pressupõe que a TI é parte integrante da estratégia de negócios da organização e considera, sem que seja exigida uma contraprova do fato, que essa tecnologia proporciona à empresa mais competitividade. Claro, essa lógica não é à prova de falhas, pois a questão depende diretamente da atuação humana em contextos diferenciados, nos quais o senso crítico e a criatividade devem ser desenvolvidos de forma exaustiva, sob pena de inviabilizar o investimento em TI como diferencial competitivo.

Nesse sentido, arriscamos a afirmar que a TI aplicada aos negócios somente tem sentido se considerada como parte integrante das estratégias de negócio da empresa e com a finalidade de adquirir novos conhecimentos que permitam manter sua atividade ou aumentar a sua participação no mercado.

4.2
Ambientes digitais e empresas virtuais

A evolução das comunicações oferece um novo desafio para as empresas: Como desenvolver as atividades em ambientes digitais, transformando-se em empresas virtuais? O mercado contemporâneo é ágil e competitivo, por isso o esforço ainda maior em criar iniciativas inovadoras para que a empresa possa desenvolver os seus trabalhos no ambiente virtual.

Para Porter (2001), uma empresa virtual está estruturada com base em três elementos, que formam um sistema acoplado:

1. o valor do negócio, que dirige a mudança para uma empresa virtual;
2. a operação virtual temporariamente configurada para capturar os valores pretendidos;
3. a rede e o ferramental tecnológico, que permitem uma rápida reestruturação, de acordo com a dinâmica ampliada do mercado digital.

A empresa que pretende atuar na rede digital precisa seguir esses três elementos, sob pena de perder, aos poucos, o seu caráter competitivo, levando em conta o aumento exponencial dos negócios desenvolvidos na rede (Castells, 1999). Nesse sentido, o *gerenciamento de relacionamentos*, a *agilidade de competição*, a *cooperação* e as *estratégias competitivas* são palavras-chave no cotidiano das empresas virtuais.

A flexibilidade de produtos e serviços, os quais devem seguir as tendências do mercado digital, deve ser a primeira preocupação da empresa virtual. Os conceitos de padronização e estatismo dão espaço à necessidade de mudanças rápidas e adaptação, haja vista a velocidade com que as novidades viram tendência no espaço digital. Essa inversão nos padrões de produção pode provocar uma série de mudanças em toda a cadeia de produção.

A reestruturação dinâmica não é simples. Ela pode até mesmo provocar mudanças tão significativas que inviabilizem a ida de uma empresa para o ambiente virtual – como ocorre quando o grau de instabilidade não permite a adaptação dos serviços ou produtos com os quais ela trabalha.

A base de atuação de uma empresa virtual é a habilidade de criar cooperações temporárias para realizar as mudanças necessárias em virtude da variação das condições do mercado (Porter, 2001). O autor faz algumas ressalvas quanto a essas empresas:

- O valor é criado, e não adicionado ao serviço ou ao produto.
- A cooperação criada é montada e desmontada na velocidade que a empresa virtual deve ter na sociedade da informação e da comunicação.
- Ser uma empresa virtual facilita a reconfiguração permanente de suas estruturas, adaptando-se a mudanças e criando novas e modernas soluções.

Em outras palavras, uma empresa estabelecida no âmbito virtual pode ser definida por suas manobras e pela rapidez com que estas são implantadas. Reestruturação, criação, destruição são o ciclo de atividades que se desenvolvem de forma contínua para a empresa virtual.

A competitividade também é dinâmica, pois manter a fidelidade no ambiente virtual é uma atividade ainda mais complexa do que a que costuma ser desenvolvida nos mercados tradicionais. O que se mantém, e ainda é destacado, é a questão da criação de valor por meio de algumas fontes potenciais, quais sejam:

- desenvolvimento de produtos individualizados de acordo com a necessidade do cliente;
- desenvolvimento de novos serviços, inovadores, que não são elaborados por outras empresas;
- adoção de comportamentos que criem mercados ou novas oportunidades de negócio, em vez de meramente pesquisar como a concorrência está fazendo ou pretendendo fazer;
- criação de produtos que sejam tão inovadores a ponto de não poderem ser copiados em tempo que permita que a concorrência venha a acontecer;
- criação de serviços ou produtos especializados na rede e que não possam ser repostos imediatamente ou na mesma agilidade no mercado.

As questões de segurança, proteção e integridade também têm sua complexidade aumentada. Entretanto, diante das expectativas dos mercados, nas quais se considera que as compras no ambiente virtual não devem demorar a superar as compras no mercado tradicional, todas essas operações compensam, mesmo com sua complexidade e seus custos adicionais.

4.3 *Web*: serviços particulares

Existem diversos serviços particulares que estão disponíveis nos ambientes em rede.

Se eles não configuram uma teoria importante, pelo menos podem ser considerados como ideias inovadoras e auxiliar as empresas a terem um menor custo com as atividades de TI e, ao mesmo tempo, racionalizarem os seus trabalhos.

P2P – *Peer-to-Peer*

O P2P, ou Ponto a Ponto, é caracterizado pela descentralização das funções na rede, em que cada terminal, ao mesmo tempo, recebe e envia dados.

Esses dados vêm aos pedaços e a sua recomposição é "puxada" e reconstruída no terminal original. Essas redes são muito utilizadas para a troca de arquivos. Apesar de a pirataria não ser o foco dos nossos estudos, vale frisar que essas redes P2P são acusadas de não respeitarem os direitos autorais (o que é uma realidade incontestável).

B2B – *Business-to-Business*

Esse tipo de rede é estabelecido quando há transações de comércio entre empresas virtuais, ou não virtuais, que têm sua presença na rede, ou seja, uma empresa fornece e outra empresa compra diretamente no ambiente virtual.

Sua utilização passou ser extensiva depois que as empresas começaram a perder o medo de desenvolver trabalhos com o uso da internet, com o surgimento de tecnologias que permitem maior proteção aos dados.

B2C – *Business-to-Consumer*

Essa rede representa a transação direta, sem intermediários, entre uma empresa do mundo virtual e um cliente, utilizando-se as técnicas e as práticas conhecidas como *e-commerce* (comércio eletrônico).

Seu crescimento tem sido exponencial pela mesma razão que cresce o B2B. Aos poucos, os clientes perdem o medo de efetuar compras na rede. O surgimento de *sites* seguros dá maior confiança ao internauta que quer efetuar as suas compras no ambiente digital.

C2C – *Consumer-to-Consumer*

Assumindo a mesma lógica anterior, essa rede representa a transação direta entre dois clientes da rede virtual.

Além de serem efetuadas na forma *Peer-to-Peer*, elas podem ser efetivadas diretamente entre internautas, que utilizam a rede para atividades de compra, venda e troca. É um negócio particular, mas também sujeito a problemas de acessos não autorizados.

B2G – *Business-to-Government*

Essa rede representa as transações entre as empresas e o governo. Trata-se da transparência das ações do governo (o chamado *governo eletrônico*). É uma estrutura que vem sendo utilizada em licitações, pagamento de tarifas etc.

A principal vantagem que essas redes consistem em uma possível aceleração dos serviços proporcionados pelo governo, tornando menos burocratizados os serviços oferecidos por ele para as empresas.

C2G – *Consumer-to-Government*

São as transações entre pessoas físicas e o governo, tais como envio e recepção de documentos que comprovam a quitação das obrigações do consumidor com o governo ou com os fiscos estadual ou federal. Esse tipo de rede deveria ser utilizado mais amplamente para diminuir a burocracia da máquina estatal.

Aos poucos, para atender às reclamações da população, alguns órgãos do governo iniciam a oferta de atendimento *on-line*. Apesar de ainda incipiente, está previsto o aumento de atendimento da população para os diversos serviços que hoje causam problemas ao consumidor.

B2E – *Business-to-Employee*

São as atividades normalmente relacionadas com os portais corporativos, nos quais a comunicação entre departamentos ou entre empregador e empregado ocorre na intranet da empresa. A finalidade desse tipo de rede é promover uma central de relacionamento entre empregado e empresa, e os benefícios de destaque são a economia de papel e a aceleração do andamento de atividades interdepartamentais.

A relação que se estabelece entre os termos desse serviço (empresa/empregado) é bidirecional, ou seja, acontece nos dois sentidos, como se fosse uma via de mão dupla.

A utilização dessas redes tem o principal propósito de aumentar a comunicação interna, de modo a estimular um maior engajamento do funcionário nas propostas estratégicas a ele apresentadas.

4.4

E-commerce e e-learning

A evolução das telecomunicações e o surgimento da internet, naturalmente, levaram empreendedores e empresas a desenvolverem negócios diretamente na rede – com a vantagem de as pequenas e médias empresas concorrerem em equilíbrio com as empresas de grande porte (pelo menos no que tange ao acesso à TI). No entanto, de nada adianta ter acesso à TI se a empresa não tiver condições (financeiras ou de conhecimento) para tanto e se apresentar resistência aos interesses de desenvolvimento no ambiente virtual.

O *e-commerce* (comércio eletrônico) surge como uma importante ferramenta de negócio e diz respeito a quais TICs podem ser utilizadas na rede para desenvolver negócios. Todos os estudos acadêmicos sobre a rede (e os negócios elaborados nela) são desenvolvidos levando-se em consideração os aspectos tecnológicos e, principalmente, os aspectos sociais envolvidos, pois o comércio na rede representa uma grande mudança de comportamento e de paradigmas que já vigoram por décadas na orientação dos negócios.

O ambiente em que se desenvolvem o *e-commerce* e o *e-learning* (aprendizagem por meio eletrônico) é chamado de *e-market* (mercado eletrônico). Apesar de os negócios realizados no meio eletrônico serem mais baratos, por se eliminar um ou mais intermediários, comparativamente, o mercado eletrônico é mais complexo.

O *e-learning* é regulamentado pelo referencial teórico que sustenta a abordagem da educação a distância. Não vamos, aqui, entrar nesse mérito, mas a diferença do *e-learning* para a educação a distância é a possibilidade de desenvolvimento em diferentes níveis de imersão no ambiente virtual de aprendizagem (AVA).

Para atender ao *e-learning*, foram desenvolvidos sistemas conhecidos como *Learning and Content Management Systems* (LCMSs), que costumamos traduzir como *Sistemas de Gerenciamento de Conteúdos e de Aprendizagem* (SGCAs). Esses sistemas representam um "*campus virtual*", em que o aluno desenvolve as mesmas atividades acadêmicas que desenvolveria presencialmente – às vezes com maior envolvimento e interesse, dependendo da qualidade do processo educacional oferecido.

A maior ou menor qualidade dos processos educacionais oferecidos está menos relacionada com a tecnologia e mais com a ação dos atores (elementos) que compõem o processo de ensino-aprendizagem (docente, aluno e conteúdo) – relacionamentos que, agora, são mediados pela tecnologia.

A maior adesão ao *e-commerce* iniciou-se com as empresas de pequeno e médio porte; as grandes corporações, primeiramente, resistiram à novidade. Mas, atualmente, a existência de gigantes da *web* leva praticamente todas as empresas a terem pelo menos um portal digital (temático ou geral).

A decisão de adotar ou não essa alternativa tecnológica não tem muito a ver com as características da tecnologia ou com eventuais dificuldades de acesso, e sim com o desejo de solucionar problemas de interação entre os seres humanos e os atores não humanos (interfaces ou ambientes de realidade virtual), haja vista que o desenvolvimento de interfaces homem-máquina com grau de usabilidade que tornam lúdico e facilitado o acesso ao ambiente virtual apresenta elevado valor agregado – e que faz com que a complexidade tecnológica praticamente desapareça.

Estamos observando um crescimento do chamado *teletrabalho* e do surgimento de empresas virtuais. **A tendência é que todas as empresas levem os seus negócios para a internet.** O *e-commerce* deve em pouco tempo dominar os espaços nas atividades de comercialização. As pessoas vão direcionar suas atividades de compra para esse ambiente de forma rotineira, e não apenas como curiosidade, como nos dias atuais, com medo de que a segurança seja rompida.

O maior fenômeno da atualidade está relacionado com certas atividades desenvolvidas nas redes sociais, as quais apresentam um crescimento sem paralelo. A funcionalidade dessas redes tem muito da *web* 2.0 e das redes de troca de serviço, pois são milhares de pessoas trocando informações, utilizando câmeras fotográficas digitais e *webcams* para levar a própria imagem e presença a todos os cantos do mundo.

Questões para reflexão

Suponha que você seja dono de uma microempresa. Seu ramo é a confecção de camisetas personalizadas. Você começou com o *marketing* "boca a boca" para vender suas camisetas, mas chegou a hora de aumentar a sua competitividade. E agora, como desenvolver as suas atividades na internet? Quais ferramentas você adotaria para entrar no mercado virtual e estabelecer-se competitivamente diante da concorrência?

5

Intranets e extranets

Neste capítulo, pretendemos discutir como as empresas migram dos ambientes físicos para os digitais, transformando-se em empresas virtuais. Para isso, vamos analisar as intranets, as redes chamadas de *extranets* e os portais corporativos internos e externos, aprofundando os conceitos sobre os serviços empresariais que podem ser desenvolvidos na *web*.

As extranets são redes similares à internet. A diferença é que elas podem não ser de uso livre, como a *World Wide Web* (WWW), comumente chamada de *internet*. Elas normalmente são utilizadas entre filiais de uma organização ou entre clientes e fornecedores (empresas), desenvolvendo a atividade B2B (*Business-to-Business*).

Quando essas redes são desenvolvidas com o uso dos computadores internos da empresa e interligados em rede, a estrutura recebe o nome de *intranet*. A grande maioria das pessoas já está familiarizada com o uso da internet, então, a intranet se utiliza disso para gerar menos treinamento interno. Outro benefício do uso da intranet nas empresas é a transformação de processos internos em processos mais ágeis.

5.1

Problemas na rede

O trabalho em rede promove a insegurança de dados confidenciais, por exemplo. Quando se disponibiliza um documento na rede interna, os dados desse documento podem ser acessados por pessoas não autorizadas, usados de forma indevida e/ou copiados e publicados sem autorização.

Para protegerem os dados da empresa do acesso não autorizado, as organizações têm gastos adicionais com o uso de programas de proteção, que são chamados de *firewalls* (paredes de fogo), os quais impedem a entrada na rede de pessoas não autorizadas. O transporte de programas em dispositivos móveis, somado às invasões externas, exige que a empresa instale em cada estação um programa de controle de vírus e programas que impedem que outros *softwares* mal-intencionados localizem e roubem informações confidenciais, pessoais ou da própria organização.

As organizações modernas são totalmente dependentes da tecnologia. Isso é facilmente perceptível quando os serviços de tecnologia da informação (TI) e as redes internas sofrem algum problema, provocando uma paralisação quase geral dos colaboradores. Ou seja, manter uma rede interna em funcionamento exige equipes de manutenção e pessoal preparado para reparar eventuais problemas de estabilidade.

Além disso, rede de computadores se transforma em um novo ambiente em que as pessoas podem manifestar atitudes politicamente incorretas ou que ferem a ética profissional e pessoal. Isso é considerado um problema adicional advindo do uso das tecnologias. No entanto, é um preço a ser pago pelo uso extensivo da tecnologia e pela criação de dependência com relação a essa ferramenta.

5.2

Portais corporativos

Apesar de muitas empresas migrarem suas atividades para o mundo digital e, com isso, aos poucos, aumentarem a sua dependência tecnológica, o sonho do portal corporativo ainda está distante para muitas instituições, as quais conseguem, quando muito, criar algumas páginas para divulgar seus produtos, mas que não racionalizam processos operacionais internos.

Os portais corporativos são localidades na internet orientadas para os negócios da empresa e para o relacionamento com a sua cadeia de valor organizacional. Mas, para que os portais corporativos representem uma ferramenta de racionalização e melhoria de desempenho, ainda temos um longo caminho a percorrer, principalmente com relação à mudança de desenvolvimento de trabalhos na rede.

Atualmente, as empresas se preocupam em como lidar com as informações colocadas diariamente nas páginas publicadas, bem como com o grau de confiabilidade dessas informações. A grande maioria dos portais ainda trabalha na perspectiva de ser uma ferramenta complementar ao setor de gestão de pessoas, facilitando a comunicação e o desenvolvimento de atividades. Eles ainda não estão voltados para o desenvolvimento de trabalhos da empresa em um novo mercado (*e-market*).

Podemos notar grande interesse em portais corporativos, o que revela um possível crescimento dessa ferramenta, haja vista as dificuldades na manutenção dos níveis de competitividade das empresas no mercado atual.

Assim, como adição ao uso de intranets, extranets e (quase) portais, acredita-se que os portais corporativos vieram para substituir o processo de informação, transformando-se em um local de interação e desenvolvimento de negócios. Todavia, ainda há grande despreparo das empresas, as quais ainda confundem intranets com portais – quando na realidade intranets são apenas ferramentas para melhorar a comunicação interna e racionalizar processos de trabalho, por meio da automação de escritórios. A amplitude de um portal corporativo é muito maior e seus fins são totalmente diversificados.

Ora, mas, se a vantagem dos portais corporativos é tão sensível assim e a necessidade de inserir as empresas no mundo digital é inadiável, por que os portais ainda não foram instalados ou, se foram, por que algumas empresas ainda são contrárias à sua utilização?

A resposta é simples: por causa do fator resistência. Outra justificativa é o desconhecimento de um mercado estigmatizado por pornografias ou por brincadeiras de criança. No entanto, arriscamos dizer que o despreparo para encarar de forma diferenciada o fornecedor, o cliente e a própria sociedade como extensões da empresa, como o "outro" a ser considerado e respeitado, é o principal motivo para a resistência em utilizar essas ferramentas digitais.

Para os gestores, os portais representam um processo complexo, menos para seus programadores. É preciso se familiarizar com as possibilidades apresentadas pela tecnologia para que se perca o medo delas. Bons exemplos disso são o elevado grau de compartilhamento de informações, o elevado nível de estruturação exigido e as questões de usabilidade e de ergonomia do desenvolvimento de interfaces gráficas. Ou seja, os empresários precisam compreender o potencial benéfico dos portais corporativos.

A atuação em portais corporativos permite que as empresas adotem os novos paradigmas da comunicação digital, diretamente com o seu público-alvo. Os portais corporativos não podem ser encarados como um problema de gestão de inovação tecnológica, e sim como um problema de gestão de mudanças sociais de elevado porte – ainda não percebidas por muitos.

5.3

Portais temáticos (vortais)

Um vortal é semelhante a um portal corporativo. A diferença é que, enquanto um portal corporativo abrange todos os negócios da empresa e é multifacetado, um vortal é voltado para o tratamento de um assunto específico, ou seja, é um portal temático.

Figura 5.1 – Exemplo de vortal (portal temático)

Fonte: VortalCorporate, 2013.

Os primeiros vortais foram utilizados internamente em empresas, congregando todos os trabalhadores em torno de esclarecimentos ou melhores práticas para as suas atividades. O passo seguinte foi abranger o *staff* administrativo das organizações, que ganhou um local para os encontros virtuais, a realização de tarefas e o desenvolvimento de reuniões estratégicas – seja para ampliar o relacionamento, seja para reduzir o custo com deslocamentos.

A resistência à implantação dos vortais e os aspectos de complexidade são os mesmos dos portais corporativos. Mas aqueles são considerados a consequente especialização do uso destes, ou seja, os vortais não são genéricos, e sim especialistas. Assim, se uma empresa atua em diversos segmentos, nada mais natural que criar, por meio de seu portal corporativo, uma série de vortais temáticos, visando aprofundar o tratamento de temas específicos e aumentar o seu relacionamento com o público externo.

Ao projetar o próprio vortal, a empresa deve compreender que ela está criando um mecanismo de pesquisa especializado em determinado segmento e que as pessoas que esquadrinham esses locais estão em busca de informações especializadas, algumas das quais podem ser consideradas como segredos industriais, os quais podem ser liberados dependendo do tipo de relacionamento que o usuário venha a ter com o vortal.

Tipos de vortais

Normalmente, os vortais podem ser associados como afiliação ou parceria. Isso porque muitos portais temáticos não são de propriedade da empresa, e sim de uma cooperativa de pequenas e médias empresas atuantes no mesmo segmento, as quais compartilham os custos da tecnologia para terem as mesmas condições que as empresas de grande porte possuem.

Alguns vortais se constituem como arranjos produtivos, pois são utilizados por cooperativas ou associações de empresas de um segmento específico para divulgar preços de serviços e produtos, informações de investimentos, jornais com notícias *on-line* e diversos outros modos de serviço, de acordo com o público-alvo para o qual o vortal foi desenvolvido.

Os vortais de cadeia produtiva apresentam informações similares aos vortais de arranjos produtivos e contêm publicações específicas. Uma das áreas mais comuns para esse tipo de vortal é a de ciência e tecnologia (C&T). A área de agronegócios está iniciando a implantação desse tipo de vortal. Vortais de cadeia produtiva abrangem, por exemplo, informações sobre financiamentos, pesquisas, patentes, pesquisadores e profissionais consultores.

Quando esses vortais se referem a serviços profissionais específicos, as redes sociais os substituem com a vantagem de terem inscrição gratuita e não exigirem nenhuma atividade de desenvolvimento. No entanto, no que concerne às empresas, as redes sociais podem representar um local muito vulnerável, caso o tipo de informação que circula exija algum grau de confidencialidade.

5.4

Gerenciamento de conteúdo e aprendizagem

A importância de se efetivar com sucesso a mediação tecnológica nos ambientes virtuais é vital atualmente. Entretanto, em virtude da evolução da educação a distância, esse processo merece destaque na área educacional. Para esses ambientes, a indústria de *softwares* desenvolveu os *Learning and Content Management System* (LCMS), ou **sistemas de gerenciamento de conteúdo e aprendizagem (SGCA)**.

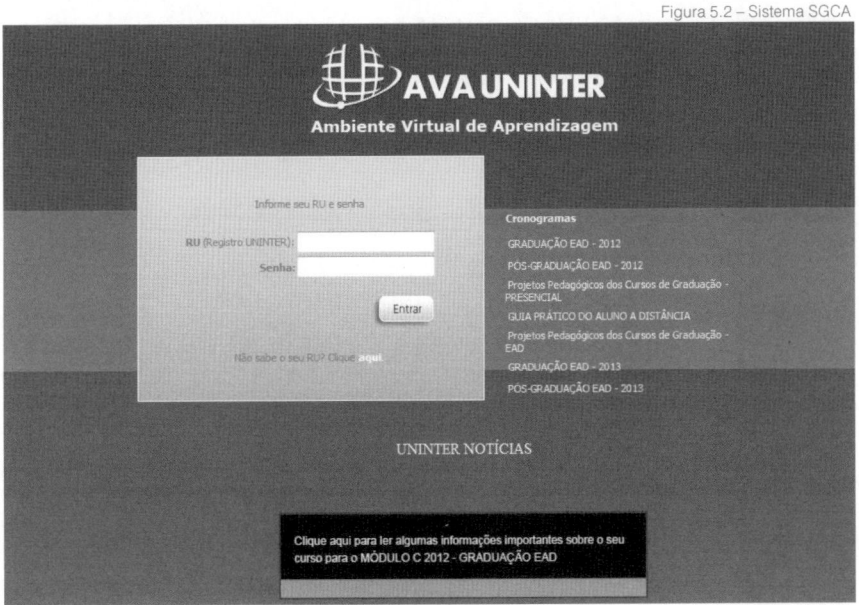

Figura 5.2 – Sistema SGCA

Fonte: Grupo Uninter, 2013.

Esse tipo de sistema cobre, ou pelo menos deveria cobrir, as atividades apresentadas a seguir.

Atividades comuns de um SGCA:

1. Comunicação multidirecional entre os participantes, isto é, entre professores, tutores e alunos envolvidos no processo ensino-aprendizagem. Isso abrange a utilização de *e-mail*, listas e grupos para comunicação assíncrona e as facilidades de montagem de salas de conversação para comunicação síncrona. Alguns sistemas permitem a utilização de videoconferência.
2. Autoavaliações individuais e somativas, com retorno imediato ou assíncrono.
3. Envio e recepção de materiais em múltiplas vias – do professor/tutor para os alunos, dos alunos para os tutores/professores e entre os próprios alunos participantes do ambiente –, compartilhando-se recursos.
4. Suporte ao estudante, em caso de dúvidas sobre o acesso ao ambiente e sobre o desenvolvimento de atividades de pesquisa, obtido por meio de bancos de respostas às perguntas mais comuns.
5. Registro de participação do aluno e de acompanhamento do desenvolvimento deste ao longo do curso.
6. Ferramentas auxiliares, tais como *sites*, diários e calendários.
7. Interfaces adequadas aos conteúdos, de fácil navegabilidade e agradáveis (usabilidade).

Os ambientes virtuais de aprendizagem (AVAs) podem ser empregados para o desenvolvimento de atividades de cursos presenciais. Nesse caso, é uma utilização extremamente simplificada, contando apenas com lançamentos de notas e envio e recepção de materiais.

Eles podem também ser usados para o atendimento de disciplinas oferecidas na modalidade a distância e como componentes de cursos presenciais. Nesse caso, o controle do ambiente requer o desenvolvimento de planos de curso mais detalhados, atividades de autoavaliação e avaliação somativa, empregando-se praticamente todos os recursos citados anteriormente.

Os AVAs podem ser utilizados ainda no desenvolvimento de cursos completos, compostos por diversas disciplinas ou unidades didáticas, envolvendo vários níveis educacionais. Podem estar presentes em cursos de graduação, técnicos, tecnológicos e pós-graduação.

Contudo, o primeiro problema encontrado na utilização desses ambientes diz respeito ao número de alunos participantes por turma. Apesar de o objetivo econômico ser um dos fatores preponderantes, pode-se perder muito da qualidade didático-pedagógica se a infraestrutura de comunicação, a logística de oferta de materiais e o acompanhamento tutorial não forem desenvolvidos de forma cuidadosa.

Nesses ambientes, a aprendizagem colaborativa e a abordagem da aprendizagem baseada em problemas tomam o lugar da prática centrada no professor e nos conteúdos, normalmente adotada nos cursos presenciais. Ou seja, o ambiente é totalmente centrado no aluno e no desenvolvimento de atividades de estudo independente. Aos projetistas instrucionais e aos docentes cabe a responsabilidade de criarem as condições para que a aprendizagem ocorra, incentivando-se o **aprender a aprender** e o **aprender pela pesquisa**.

Os AVAs apresentam características que nos interessa destacar, conforme o Quadro 5.1.

Quadro 5.1 – Características dos ambientes virtuais de aprendizagem (AVAs)

	Características
Com relação aos materiais	A liberação de materiais pode ser efetuada de forma simples e rápida, com possibilidades de ligação direta com fontes de recursos para pesquisa, possibilitando o acesso a rotinas de simulação ou tutoriais inteligentes ou não.
	Os problemas surgem quando esses materiais não foram projetados para o ambiente *on-line*, sem integração com as apresentações, os seminários ou as atividades presenciais levadas a distância e, finalmente, com relação aos direitos autorais dos materiais usados.
Quanto à facilidade de uso	Podemos observar que, se a adequabilidade e a navegabilidade estão de acordo com as técnicas e as práticas de desenvolvimento ergonômico de interfaces com o usuário, o acesso é extremamente facilitado para o aluno. Os problemas ocorrem quando o aluno fica frustrado pelas limitações do material apresentado, considerando-se que a tecnologia em desenvolvimento de materiais didáticos em hipermídia ainda está em seus passos iniciais.
	Outro problema é quanto ao resultado de pesquisas que indicam a falta de costume de leitura de materiais *on-line*, havendo pessoas que imprimem seus *e-mails* para uma leitura mais fácil, deixando de economizar recursos.

(continua)

(Quadro 5.1 – conclusão)

Quanto ao acesso presencial	A liberação de materiais, trabalhos e avaliações *on-line* evita o comparecimento do aluno na instituição de ensino, podendo esses materiais ser acessados quando necessário, em qualquer lugar e hora. Muitos educadores consideram que essa ausência pode prejudicar o aluno e dificultar a criação de uma identidade com a instituição e a compreensão de sua missão. Devem ser tomados cuidados especiais com alunos que não têm acesso aos recursos da tecnologia, sendo necessária para estes a preparação de materiais impressos ou em outros meios, o que exige uma logística de distribuição dos materiais em multimeios.
Quanto à facilidade de acesso à educação	Um dos mitos da educação a distância é constantemente citado em sua defesa: a democratização do acesso à educação. Essa afirmativa, em nosso país, não resiste a uma análise mais profunda. O que se facilita é o acesso de pessoas que, já estando no mercado de trabalho, necessitam de requalificação. Assim, a instituição pode atingir mais alunos, porém ainda pertencentes às camadas privilegiadas e que têm acesso às tecnologias envolvidas com a educação a distância.
Quanto à orientação aos alunos	Nos ambientes virtuais, os alunos ganham a possibilidade de participar de projetos colaborativos, conhecer abordagens inovadoras do processo educacional e ter contato com tecnologias emergentes, bem como aprender de forma independente, dividindo a responsabilidade da aprendizagem com os professores. No entanto, deve-se levar em consideração que a aprendizagem independente exige serviços complementares de acompanhamento tutorial e uma estrutura de comunicação eficaz.

Questões para reflexão

Suponha que você vem alcançando resultados expressivos no desenvolvimento das suas atividades como responsável pelo setor de TI da empresa de alimentos de que falamos no Capítulo 1 e, agora, quer colocá-la definitivamente no mundo digital. Como você deve proceder para eliminar ou, ao menos, diminuir o fator resistência dos responsáveis pelas decisões gerenciais da empresa? Como alinhar o uso das tecnologias com as estratégias organizacionais?

6

Outras tecnologias de informação

Neste capítulo, apresentaremos algumas tecnologias de informação e a segurança e a privacidade que elas requerem no mundo atual. Confira.

6.1

Sistemas GPS

Avançando um pouco mais na área tecnológica, vamos estudar um dos modernos desafios da sociedade da informação e da comunicação: o *Global Positioning System* (GPS), ou sistema de posicionamento por satélite. Esse sistema ainda não está implantado na sua totalidade, sendo adotado apenas por empresas mais agressivas, que tratam de questões de computação móvel. Contudo, toda e qualquer empresa mais cautelosa quanto à segurança e à privacidade de seus bens e informações pode (e deveria) utilizar essa ferramenta.

O GPS representa uma grande evolução tecnológica. Esse sistema consegue localizar (ou posicionar) um receptor na superfície terrestre por meio do cruzamento de sinais enviados por um emissor, que permite, por aproximações sucessivas, conhecer a posição do objeto e, inclusive, obter a visualização deste, em casos mais específicos.

Há algum tempo, esse sistema poderia parecer ficção ou invenção de filme de espionagem, porém o GPS já é uma realidade. Para rastrear e ser rastreado pelo sistema, basta ter um receptor que capte o sinal enviado por satélite. Esse é um processo de complexidade média que apresenta três componentes:

1. **Componente espacial** – são os satélites em órbita no espaço.
2. **Componente de controle** – são as estações terrestres dispersas pelo mundo, responsáveis pelo controle e acompanhamento das órbitas dos satélites.
3. **Componente do utilizador** – é um receptor dos sinais emitidos pelos satélites.

O receptor GPS decodifica os sinais transmitidos e calcula a posição do receptor com base nas distâncias observadas em relação a cada um dos componentes espaciais. O posicionamento do usuário é dado em termos de latitude, longitude e altitude, como coordenadas geodésicas[1]. Após a configuração do receptor pelo usuário, o aparelho funciona sozinho, transmitindo a posição do alvo em tempo real.

A utilização desse sistema pode ter fins específicos, como os de navegação aérea, treinamento e combate militar e navegação marítima. Mas a finalidade do GPS para as empresas é a segurança pessoal e de bens empresariais. Por exemplo: o sistema pode rastrear uma frota de caminhões, evitando desvios da rota ou furtos. O GPS ficou bastante popular com a navegação de mapas. Um *software* mapeia as ruas de uma cidade, estado ou país, e o sistema de posicionamento localiza o objeto (carro, moto, caminhão etc. ou, até mesmo, uma pessoa ou animal) dentro desse mapa de ruas.

O grau de precisão com relação ao posicionamento do objeto norteia o valor do aparelho, ou seja, quanto maior a precisão, mais caro é o aparelho de GPS. Os benefícios do uso desse sistema se estendem a diversas outras áreas, tais como as dos guardas florestais, bombeiros, geólogos e arqueólogos. Apesar das inúmeras aplicações, os GPSs são mais conhecidos e utilizados para desenvolver o controle de navegação.

Os aparelhos receptores utilizam *softwares* proprietários ou não, ou seja, podem ter custo ou não, dependendo da fonte e do tipo (*open source*, *freeware*, entre outros).

---

[1] Curva de menor comprimento que liga dois pontos de uma superfície ou espaço; linha geodésica (Houaiss; Villar; Franco, 2009, p. 589).

6.2

Questões de segurança e privacidade

A confiabilidade de sistemas de computador é uma preocupação constante, principalmente em virtude da ação dos malfeitores digitais, como os *hackers* e os *crackers*, que são pessoas cujo objetivo é roubar informações ou simplesmente prejudicar outros indivíduos disseminando *softwares* mal-intencionados.

Os computadores auxiliam as pessoas a automatizarem atividades rotineiras e repetitivas, mas podem trazer, como consequência, a exposição de informações, deixando-as sob o risco constante de invasão de privacidade. Os problemas com segurança e privacidade somam-se aos problemas de falha de *hardware* ou *software*, em razão do elevado nível de pirataria dos produtos da indústria de informática. Dessa forma, acaba sendo criada uma indústria paralela para desenvolver programas de proteção a equipamentos residenciais ou comerciais, que evitam danos ou acessos não autorizados, os quais são frequentemente atualizados para identificar e "vacinar" os computadores contra novas ameaças.

A expressão *computação confiável* foi criada por uma das maiores empresas na área de *software*, a Microsoft®, que se viu preocupada com o receio das pessoas em colocar suas informações em seus computadores pessoais ou em servidores, estes considerados mais confiáveis, mas que, igualmente, podem ser invadidos por *softwares* mal-intencionados.

As questões de segurança dizem respeito à prevenção de acessos não autorizados. Há um tipo de programa para cada tipo de ameaça: invasão, captação de vírus, cavalos de troia, entre outros. Ou seja, os programas de segurança não eliminam o problema, apenas o minimizam. Assim, ainda que você tenha instalados no seu equipamento programas voltados a eliminar essas ameaças, a única forma de manter os seus dados protegidos é fazer uma cópia deles e guardá-la em lugar seguro.

Os programas mais eficientes são aqueles que bloqueiam qualquer programa externo que tente obter acesso ao seu equipamento.

Eles recebem o nome genérico de *firewalls* (paredes de fogo) e informam ao usuário dados sobre quem está tentando acessar sua máquina. As questões de privacidade se iniciam no ambiente profissional e acabam se estendendo aos computadores pessoais. As empresas, por força de lei, podem controlar as atividades que os seus colaboradores internos desenvolvem.

A situação de segurança computacional ficou tão crítica que as próprias organizações vendedoras de equipamentos disponibilizam, com o sistema operacional, programas voltados para a verificação de segurança e integridade, com atualização *on-line* ou, ainda, com uma ligação direta com os servidores da empresa, que periódica e remotamente verificam o estado do equipamento com relação ao seu nível de proteção dos dados armazenados e à garantia de privacidade.

Além disso, as empresas vendedoras de *softwares* de proteção começam a oferecer, sem custo, como valor agregado ao produto, tutoriais ou cursos de curta duração a respeito de como cuidar e proteger o seu computador.

6.3
Formação permanente e continuada

O desenvolvimento tecnológico e a rápida evolução em todos os campos da ciência fazem com que os conhecimentos adquiridos em nosso processo de formação não tenham mais o tempo de validade que tinham no passado, por isso a necessidade do estudo e da formação durante toda a vida, em um processo de educação permanente e continuada, que pode ser desenvolvida em qualquer lugar onde se tenha acesso à internet, inclusive no próprio ambiente de trabalho. Para se alcançar esse objetivo, a oferta de cursos em diversos níveis na modalidade da educação a distância ajuda muito.

As instituições de ensino encontram fatores complicadores na adoção de um processo de educação mais voltado para as necessidades que o mercado apresenta. Alguns desses fatores são:

- os currículos seriados;
- a inflexibilidade nas mudanças curriculares para a adaptação à evolução tecnológica;
- um posicionamento anacrônico tanto dos professores quanto dos alunos com relação ao desenvolvimento de atividades de ensino e aprendizagem.

Esses fatores citados anteriormente ocorrem devido às grandes mudanças sociais e econômicas pelas quais passam os profissionais no atual mercado de trabalho. Essas mudanças, por sua vez, exigem do profissional o comprometimento com a máxima produtividade, provocando estresse em um nível que diminui sensivelmente a qualidade de vida das pessoas. A mudança de uma sociedade industrial para uma sociedade do conhecimento impôs uma série de novos comportamentos para os quais muitas pessoas não estão preparadas.

Genericamente, as atividades de formação permanente e continuada em um processo de educação para toda a vida compreendem a aquisição de novas competências e habilidades, com vistas a preparar as pessoas para enfrentar (ou lidar com) as novas tecnologias, muitas das quais não simplificam nossa vida, apenas a complicam. Essas atividades, então, constituem um processo que, nos dias atuais, acaba sendo desenvolvido em paralelo com o processo de educação formal.

Podemos fazer, aliás, uma previsão: a educação formal está prestes a se converter em processos não formais até atingir a situação de educação informal, a qual será aceita como imposição dos profissionais pelos órgãos responsáveis pela regulação da educação em nosso país, ante o quase imobilismo que se observa na área educacional tradicional (formal e presencial).

O ambiente virtual, a internet e os sistemas de gerenciamento de conteúdo e aprendizagem são facilitadores do processo de formação de competências e habilidades desenvolvidas de modo informal, no próprio trabalho, nos horários e de acordo com o ritmo de aprendizagem de cada um.

A educação permanente e continuada representa também uma segunda chance ou, em alguns casos, uma última chance que as pessoas têm de participar de processos de ensino-aprendizagem, formando competências e habilidades não apenas para competir no mercado de trabalho, mas também para obter algum grau de satisfação pessoal. Assim, essa modalidade educacional passa a ser considerada uma das formas de aquisição de conhecimentos que aumentam de modo sensível o nível de competitividade do profissional.

A educação continuada, então, pode ser utilizada como estratégia para os profissionais que desejam integrar comunidades com interesses específicos, criando redes educacionais – que são consideradas uma evolução diferenciada das redes sociais e envolvem:

- a criação de parcerias educacionais;
- o levantamento constante de novas tecnologias e paradigmas emergentes, a fim de buscar programas de formação relacionados com o assunto;
- o ato de aprender a desenvolver um processo qualificado de busca de recursos diretamente na rede.

É assim que os profissionais liberais e os colaboradores internos criam uma nova forma de aprendizagem, voltada para a procura de novas oportunidades no mercado, não se esquecendo, porém, de manter sempre ativo o foco em seus pontos fortes e evitando a dispersão na aquisição de conhecimentos irrelevantes ou que visem apenas preencher as suas falhas, o que representaria perda de tempo – aliás, o gerenciamento do tempo é um aspecto no qual o profissional deve investir recursos.

No processo de formação permanente e continuada, o profissional em fase de qualificação deve adequar-se a alguns dos principais paradigmas da área educacional, que são:

- reaquisição do senso crítico;
- desenvolvimento da criatividade;
- aquisição da capacidade de se tornar um profissional voltado para a solução de problemas (com base na criação de cenários e na análise profunda de oportunidades e ameaças, para o aumento do nível de competitividade da empresa na sociedade contemporânea).

Na Europa, já existem programas específicos voltados para esse fim, o que ainda não observamos em nosso sistema de ensino. O surgimento da universidade corporativa, contudo, permite antever que esse processo seja cauteloso, a fim de que ele venha dar oportunidade a profissionais, nos mais diversos níveis, quanto à aquisição de novas competências e habilidades.

6.4

A computação móvel

A computação móvel já é uma realidade para muitas pessoas, inclusive no Brasil. A própria tecnologia digital permite a rápida disseminação de novos inventos. Nesse sentido, os computadores de mão, a centralização de multimeios nos telefones celulares, as redes *wireless*, a internet 3G, o *bluetooth*, os atuais *tablets*, entre outros recursos, compõem a chamada *computação móvel* e dão início ao desenvolvimento de aplicações voltadas para atingir o profissional em qualquer localidade e permitir que ele desenvolva em uma estação móvel atividades antes realizadas estática e presencialmente.

Com base nessa concepção, fica claro que, para orientar os profissionais de TI sobre o uso da computação móvel, é preciso direcionar seu estudo para a definição e o significado das duas tecnologias nas quais essa computação está apoiada: as comunicações sem fio e as tecnologias de rede com acesso dos computadores de mão a computadores de grande porte, localizados em espaços públicos.

A tecnologia *wireless* (sem fio) já apresenta grande alcance de utilização, sendo encontrada em muitos hotéis, cafés, restaurantes, aeroportos, entre outros locais, permitindo que as pessoas acessem a internet. Essa comunicação é desenvolvida sem a conexão de fios entre o cliente e o hospedeiro das informações. As redes sem fio (*Local Area Network* – LAN) e as redes de alto alcance (*Wide Area Network* – WAN) se expandem em paralelo com o aumento da conectividade entre os computadores.

Somadas ao desenvolvimento tecnológico, essas tecnologias permitiram e incentivaram a diminuição progressiva do tamanho dos equipamentos, chegando, enfim, à comunicação via tecnologia móvel – celulares multimidiáticos, com incorporação de acesso *wireless* à internet, televisão digital, supercâmeras fotográficas, rádio FM, filmadora, leitor de livros e documentos, entre outras funções, que são apenas uma amostra do poder da evolução tecnológica.

Tudo aquilo que sempre se imaginou em termos de conectividade está, hoje, ao alcance das mãos. Boa parte do conteúdo antes visto na tela do computador pode ser visto, hoje, em *smartphones*, *netbooks* e *tablets*. Muito em breve, todo o conteúdo apresentado na tela do computador também poderá ser visto nesses dispositivos móveis, sendo necessária apenas uma conversão para a sua disponibilidade. Esse trabalho é chamado de *aplicações adaptáveis a equipamentos móveis*, sendo uma das principais áreas em fase de expansão no campo da tecnologia da informação.

As aplicações para dispositivos móveis não vão ter a mesma capacidade ou os mesmos recursos que os aplicativos para dispositivos tradicionais. Os programadores terão de desenvolver aplicações que possam rodar com a mesma eficiência, tanto nos equipamentos de maior porte quanto nos equipamentos móveis, os quais conterão ou poderão acessar, por meio de redes *wireless*, todos os aplicativos disponíveis com a capacidade para desenvolver o seu trabalho. Evidentemente, isso mudará de forma significativa a abordagem do processo de desenvolvimento das aplicações, o que exigirá a necessidade de novas linguagens e técnicas de programação, voltadas especificamente para os dispositivos móveis.

Definimos as ligações *wireless* e as grandes redes locais como tecnologias que permitem que dispositivos móveis (a outra parte da tecnologia) acessem e rodem aplicações remotamente, seja por meio de ligações sem fio, seja por meio de ligações *bluetooth*. A tecnologia *bluetooth* diz respeito a especificações técnicas voltadas para o acesso de dados em redes pessoais, sem fio, provendo uma forma de se conectar e trocar informações (dados e arquivos de qualquer tipo) entre telefones celulares, *notebooks*, computadores pessoais, câmeras digitais, entre outros equipamentos, com o uso de uma frequência de rádio de curto alcance, não licenciada e segura, que obedece a especificações estabelecidas pelos órgãos reguladores nacionais e internacionais.

Os dispositivos móveis podem apresentar uma grande variação em capacidade de *hardware*, levando-se em consideração aspectos como tamanho de tela, resolução possível, memória disponível e elementos complementares portáveis, que podem ser ligados e desligados dos dispositivos quando desejamos ampliar ou reduzir as suas capacidades de desenvolvimento de processos.

É uma área que representa um campo de pesquisa aberto para os desenvolvedores e para os profissionais envolvidos com a tecnologia da informação. Inegavelmente, essa tecnologia vai mudar (se já não está mudando) radicalmente a maneira como muitos executivos desenvolvem os seus trabalhos, promovendo o teletrabalho como forma de efetivar o atendimento e prestar consultoria. O profissional pode atender solicitações mesmo quando está no trânsito, a caminho da empresa ou de casa, ou em qualquer outro local que tenha as tecnologias necessárias disponíveis para uso.

Questões para reflexão

A tecnologia móvel vem transformando mais uma vez a sociedade, seu comportamento e suas práticas de consumo e produção. Onde quer que estejamos, estamos conectados com o mundo. Faça a seguinte reflexão: Como a mobilidade digital e a sua tecnologia podem impactar as organizações, em termos de produção, logística e relacionamento com o cliente?

Indicações culturais

Filmes

CONTRA o tempo. Direção: Duncan Jones. EUA; França: Imagem Filmes, 2011. 93 min.

    O filme conta a história do capitão Stevens, que um dia acorda e se vê na pele de um homem que ele não conhece. Stevens descobre então que está fazendo parte de um experimento, criado pelo governo norte-americano, chamado de *código fonte*. O programa possibilita que o capitão assuma a identidade de outro homem em seus últimos oito minutos de vida. Agora, a missão dele é encontrar os responsáveis por um atentado que deixou milhares de vítimas. O filme faz referências a inovações tecnológicas e mostra um possível contexto do mundo futuro.

PIRATAS do Vale do Silício. Direção: Martyn Burke. EUA: TNT, 1999. 95 min.

    O filme conta a história da luta de estudantes contra o domínio da produção de computadores por grandes empresas, bem como as primeiras reações culturais diante do próprio processo de popularização da computação, no início dos anos 1970. Nessa época, já existia um público ansioso por poder usufruir dessa tecnologia. Por isso, alguns apaixonados pela eletrônica começaram a desenvolver protótipos de circuitos que poderiam ser microcomputadores. A batalha é travada entre a IBM, de Herman Hollerith e Sr. Thomas Watson, e a Apple, de Steve Jobs e Steve Wozniak.

SEM LIMITES. Direção: Neil Burger. EUA: Imagem Filmes, 2011. 110 min.

    Trata-se da história de um escritor que, ao terminar o relacionamento com sua namorada, encontra o irmão da ex-mulher, o qual o faz experimentar uma droga que aumenta a inteligência e melhora a concentração do cérebro. Ao passar a utilizar 100% da capacidade de seu cérebro, o protagonista tem uma nova visão sobre os problemas da vida. O filme trata de avanços tecnológicos e sobre o potencial do cérebro humano.

Livros

SUN TZU. **A arte da guerra**. São Paulo: M. Fontes, 2002.

O livro *A arte da guerra*, de Sun Tzu, é uma obra excepcional para a construção de um pensamento estratégico, tema mencionado em muitos pontos deste livro.

TAPSCOTT, D.; WILLIANS, A. D. **Wikinomics**: como a colaboração em massa pode mudar o seu negócio. Rio de Janeiro: Nova Fronteira, 2007.

Esse livro, escrito por dois dos maiores consultores em estratégias para utilização da tecnologia da informação, voltado para inovações na *web*, apresenta uma proposta inovadora na área quando trata da importância da colaboração. Empresas que adotaram esse enfoque são consideradas como "empresas inteligentes", que usam as comunidades virtuais e as ferramentas da tecnologia da informação de forma diferenciada. É uma leitura instigante, que convida a uma reflexão para a mudança de posicionamentos arraigados que resistem ao apelo do uso de novas tecnologias.

Bibliografia comentada

CASTELLS, M. **Sociedade em rede**: a era da informação – economia, sociedade e cultura. São Paulo: Paz e Terra, 1999. v. 1.

Essa obra, escrita por um dos mais conceituados cientistas sociais contemporâneos, compõe a trilogia *A era da informação: economia, sociedade e cultura*. O livro busca esclarecer a dinâmica econômica e social das transformações na cultura da mídia. Toda a pesquisa descrita foi feita nos Estados Unidos da América, na Ásia, na América Latina e na Europa. O autor formula uma teoria interessante que dá conta de fundamentar alguns efeitos da tecnologia da informação no mundo contemporâneo, verificando as suas consequências na atualidade.

SENGE, P. **A quinta disciplina**. São Paulo: Best Seller, 1990.

O livro conceitua a organização que aprende e demonstra como as pessoas compreendem a principal forma de motivar processos de mudança. Com base em pesquisas com adeptos desse método de mudanças, o autor descreve 15 anos de experiências nesse estudo e reforça o conjunto de ferramentas que, na prática, promovem o trabalho em equipe, revelando as estratégias que grandes empresas aplicam cotidianamente.

Síntese

A tecnologia da informação já representa uma parte significativa do diferencial competitivo de qualquer organização, passando a ser amplamente aplicada aos negócios das empresas, bem como na transformação da competição do mercado em constante evolução, decorrente da exigência de atitudes empreendedoras e inovadoras.

Nesse sentido, as grandes bases de dados e os sistemas comerciais estão sendo cada vez mais utilizados pelas empresas para fundamentar seus negócios e, definitivamente, competir no mercado. Posto isso, é possível destacar a importância de novas formas de relacionamento entre as pessoas envolvidas com o uso da tecnologia da informação, sejam elas especialistas na área ou não, levando-se em consideração que as equipes de desenvolvimento de aplicativos são multidisciplinares e, de acordo com seus interesses pessoais sobre o sistema, têm visões diferentes sobre o assunto.

Assim, nesta parte do livro, foram apresentados os desafios postos às empresas na era da comunicação e da informação, em que a tecnologia da informação tem valor fundamental para o sucesso. Para isso, analisamos os ambientes digitais e as empresas virtuais, verificando um comportamento estratégico e inovador diferenciado – o qual se faz necessário para competir no mercado atual (e do futuro), que é dinâmico e fundado na incerteza – e considerando os serviços possíveis de serem desenvolvidos no ambiente em rede.

Mostramos, também, que as grandes organizações migram para os ambientes virtuais, transformando-se em empresas digitais. Nesse ambiente, descobrem um novo mundo de possibilidades. Observamos os problemas de segurança e de privacidade próprios dos ambientes corporativos virtuais e argumentamos que a tecnologia digital móvel ainda tem pouca expressão entre as empresas de pequeno e médio portes, porém a tendência é a sua massificação.

Finalmente, destacamos que os processos de formação permanente e continuada são uma necessidade para a formação do perfil do profissional do conhecimento.

Referências

ABRAIC – Associação Brasileira dos Analistas de Inteligência Competitiva. **Inteligência e segurança**. Disponível em: <http://www.abraic.org.br/index.php?option=com_content&view=article&id=114:inteligencia-e-seguranca-&catid=1:noticias&Itemid=18>. Acesso em: 24 set. 2012.

AMARAL, R. M. do; GARCIA, L. G.; ALLIPRANDINI, D. H. Mapeamento e gestão de competências em inteligência competitiva. **Revista de Ciência da Informação**, v. 9, n. 6, dez. 2008. Disponível em: <http://www.dgz.org.br/dez08/Art_05.htm>. Acesso em: 15 jan. 2013.

CASTELLS, M. **Sociedade em rede**: a era da informação – economia, sociedade e cultura. São Paulo: Paz e Terra, 1999. v. 1.

CHEN, I. J. Planning for ERP Systems: Analysis and Future Trend. **Business Process Management Journal**, v. 7, n. 5, p. 374-386, 2001.

CODD, E. F.; CODD, S. B.; SALLEY, C. T. **Providing OLAP (On-Line Analytical Processing) to User-Analysts**: An IT Mandate. 1993. Disponível em: <http://www.minet.uni-jena.de/dbis/lehre/ss2005/sem_dwh/lit/Cod93.pdf>. Acesso em: 7 jul. 2011.

DRUCKER, P. **Sociedade pós-capitalista**. 7. ed. São Paulo: Pioneira, 1999.

EPSTEIN, M.; ROY, M. J. Managing Corporate Environmental Performance: a Multinational Perspective. **European Management Journal**, v. 16, n. 3, p. 284-296, June 1998.

FRANÇA, F. A. de. A inteligência por trás do business intelligence. **Engenharia de Software**, 28 set. 2011. Disponível em: <http://flavioaf.wordpress.com/tag/oltp>. Acesso em: 15 jan. 2013.

GRUPO UNINTER. **AVA Uninter – ambiente virtual de aprendizagem**. Disponível em: <http://ava.grupouninter.com.br>. Acesso em: 25 jan. 2013.

HOUAISS, A.; VILLAR, M. de S.; FRANCO, F. M. de M. **Dicionário Houaiss da língua portuguesa**. Rio de Janeiro: Instituto Antônio Houaiss; Objetiva, 2009.

PORTER, M. E. Strategy and the Internet. **Harvard Business Review**, p. 62-78, Mar. 2001. Disponível em: <http://venus.unive.it/4388E06B-6122-4BE1-B652-3B812A-2B1DD1/FinalDownload/DownloadId-ADDDEC17AB4D6A804A01E9FD846F05DC/4388E06B-6122-4BE1-B652-3B812A2B1DD1/vescovi/internet%20and%20strategy-porter.pdf>. Acesso em: 15 jul. 2012.

SEBRAE-SP – Serviço Brasileiro de Apoio às Micro e Pequenas Empresas de São Paulo. **Doze anos de monitoramento da sobrevivência e mortalidade de empresas**. Ago. 2010. Disponível em: <www.sebraesp.com.br/TenhoUmaEmpresa/Biblioteca/OutrosConteudos/EstudosEPesquisas/Mortalidade DasEmpresas/Documents/

mortalidade_12_anos/mortalidade_12_anos.pdf>. Acesso em: 7 jul.2011.

SEBSAUVAGE.NET. **Comprendre l'ordinateur**: C'est quoi le Peer-to-peer (P2P)? Disponível em: <http://sebsauvage.net/comprendre/p2p>. Acesso em: 7 jul. 2011.

SENGE, P. **A quinta disciplina**. São Paulo: Best Seller, 1990.

SILVA JÚNIOR, A. C. M. da. **Projeto de arquiteturas de software para portais corporativos**. 101f. Monografia (Graduação em Engenharia de Computação) – Universidade de São Paulo, São Paulo, 2007. Disponível em: <www.pcs.usp.br/~pcspf/2007/Cooperativo%202007/PCS%202050%20COOP%20Grupo%20(19)/Pagina%20Web/Final.htm>. Acesso em: 7 jul. 2011.

TURBAN, E.; MCLEAN, E.; WETHERBE, J. **Tecnologia da informação para gestão**. 3. ed. Porto Alegre: Bookman, 2004.

UFRGS – Universidade Federal do Rio Grande do Sul. **Anexo 2**: modelo de dados do sistema. Disponível em: <http://penta.ufrgs.br/pesquisa/fiorese/autenticacaoeadanexos.htm>. Acesso em: 15 jan. 2013.

VORTALCORPORATE. Disponível em: <http://portugal.vortal.biz/vortalCORPORATE/case-studies_page_2576>. Acesso em: 25 jan. 2013.

WATSON, E.; SCHNEIDER, H. Using ERP Systems in Education. **Communications of the AIS**, v. 1, n. 9, p. 1-47, Feb. 1999.

ZANCUL, E.; ROZENFELD, H. Sistemas ERP. In: NUMA – Núcleo de Manufatura Avançada. **Conhecimentos sistematizados pelo Numa**, 11 fev. 1999. Disponível em: <http://www.numa.org.br/conhecimentos/conhecimentos_port/pag_conhec/ERP_v2.html>. Acesso em: 15 jan. 2013.

Considerações finais

Os dois temas tratados nas duas partes deste livro apresentam grande interação entre si: a aplicação de um depende necessariamente de outro. O mapeamento dos processos e a aplicação de ferramentas como o BPM requerem alto conhecimento das informações necessárias para a sua utilização, fazendo com que o sucesso da gestão dos processos de negócio já identificados, mapeados e aperfeiçoados se dê principalmente pela eficácia da gestão das informações empresariais.

A inteligência competitiva não se expressa apenas na forma de armazenar dados, mas, sim, no modo de transformá-los em informações úteis e disponíveis em tempo real para a tomada de decisão de um negócio. Assim, as modernas organizações ao redor do mundo buscam mecanismos que lhes sirvam para a melhoria da *performance* dos seus resultados estratégicos, haja vista a alta concorrência entre os atores sociais existentes no macroambiente.

A complexidade informacional deve se tornar uma aliada, na busca pela vantagem competitiva, das organizações que gerenciam seus negócios não mais baseadas em seus produtos e serviços, mas, sim, nas demandas ambientais, que devem nortear todo e qualquer planejamento, bem como a tomada de decisão de um negócio.

As relações intraorganizacionais devem ser um reflexo do que a sociedade precisa em termos de soluções aplicáveis ao dia a dia das pessoas, e, por isso, o constante investimento em inovação precisa ser a mola propulsora de empresas que pretendem fazer a diferença num ambiente social.

Da mesma forma, é função dessas empresas atingirem a máxima eficácia no que tange ao alcance dos seus objetivos estratégicos. Em razão disso, surgem novas configurações organizacionais, como as empresas virtuais e as novas formas de relacionamento com os públicos internos (funcionários) e externos (clientes e comunidade em geral).

A tecnologia da informação (TI) dá suporte à gestão dos processos internos, desde que o principal agente nesse processo, o ser humano, saiba como utilizar essa ferramenta em favor da empresa. O ser humano, utilizando-se de sua grande capacidade de empreender projetos e realizar grandes feitos na sociedade, precisa ser visto como o grande diferencial para uma moderna gestão de processos baseada em tecnologia da informação, pois o que realmente importa não é a ferramenta em si, mas, sim, a sua finalidade.

Impressão: Reproset
Junho/2016